CONDUIRE AVEC SUCCÈS
UN ENTRETIEN D'ÉVALUATION

Éditions d'Organisation
Groupe Eyrolles
61, bd Saint-Germain
75240 Paris Cedex 05
www.editions-organisation.com
www.editions-eyrolles.com

Du même auteur dans la même collection :
Mesurer l'efficacité de la formation, 2007.

Le code de la propriété intellectuelle du 1er juillet 1992 interdit en effet expressément la photocopie à usage collectif sans autorisation des ayants droit. Or, cette pratique s'est généralisée notamment dans l'enseignement, provoquant une baisse brutale des achats de livres, au point que la possibilité même pour les auteurs de créer des œuvres nouvelles et de les faire éditer correctement est aujourd'hui menacée.

En application de la loi du 11 mars 1957, il est interdit de reproduire intégralement ou partiellement le présent ouvrage, sur quelque support que ce soit, sans autorisation de l'Éditeur ou du Centre Français d'Exploitation du Droit de copie, 20, rue des Grands-Augustins, 75006 Paris.

© Groupe Eyrolles, 2000, 2006, 2009
ISBN : 978-2-212-54422-0

Pascaline MALASSINGNE

CONDUIRE AVEC SUCCÈS UN ENTRETIEN D'ÉVALUATION

Troisième édition

EYROLLES
Éditions d'Organisation

Sommaire

Introduction 9

Partie I
Comprendre l'entretien d'évaluation des compétences 11

1. Le positionnement de l'entretien d'évaluation des compétences dans la gestion des ressources humaines 13
   LES DIFFÉRENCES ENTRE ENTRETIENS PROFESSIONNELS ET ENTRETIENS D'ÉVALUATION 14
   LA RELATION ENTRE ENTRETIEN D'ÉVALUATION ET GPEC 16

2. L'aspect psychologique de l'évaluation 19
   RELATION DE DÉPENDANCE OU MARQUE D'INTÉGRATION ? 19
   LE DIALOGUE ET LA NOTION DE RÔLE 21
   LES ERREURS D'APPRÉCIATION 22
   LES PARTICULARITÉS DE L'ENTRETIEN AVEC UN SENIOR 25

3. Les raisons d'être de l'entretien d'évaluation 29
   POUR LE SALARIÉ 29
   POUR L'ENTREPRISE 30
   POUR LE MANAGER 32
   LES INTÉRÊTS COMMUNS 32

4. La stratégie de l'entretien d'évaluation 35
   L'ENJEU ET LA RÉTRIBUTION 35
   L'INTÉRACTION DES 6 PHASES DE L'ENTRETIEN D'ÉVALUATION ... 38
   ÉVALUATION ET MESURE D'UN RÉSULTAT 44

Partie II
Préparer un entretien d'évaluation 47

5. **Le manager établit un diagnostic et analyse les résultats de l'année écoulée** 49
   - LES DOCUMENTS UTILES À UN DIAGNOSTIC 49
   - LES OUTILS D'ANALYSE 51

6. **Le manager établit son pronostic et définit les objectifs à venir** 61
   - LES TYPES D'OBJECTIFS 62
   - DES INDICATEURS POUR FIXER DE NOUVEAUX CONTRATS D'OBJECTIFS 65

7. **Le salarié fait le point sur les résultats de l'année écoulée** 67
   - LA GRILLE D'AUTO-ÉVALUATION 68
   - LA RECHERCHE DE SITUATIONS SIGNIFICATIVES 70

Partie III
Conduire un entretien d'évaluation 73

8. **Phase 1 : le manager accueille le salarié** 75
   - LA RELATION DE CONFIANCE 75
   - L'AIRE DE COMMUNICATION 76
   - LA TRANSITION DE LA PHASE 1 À LA PHASE 2 78

9. **Phase 2 : le salarié fait lui-même son bilan** 79
   - LE MANAGER AIDE LE SALARIÉ À PRÉSENTER SON BILAN 80
   - DÉFINIR LES CAUSES DES RÉUSSITES ET DES DYSFONCTIONNEMENTS .. 86
   - IDENTIFIER ET COMPRENDRE LES RÉACTIONS DU SALARIÉ 87
   - LA TRANSITION DE LA PHASE 2 À LA PHASE 3 90

Sommaire

10. Phase 3 : le manager évalue les résultats du salarié 93
 VALORISER LES RÉUSSITES ET FORMULER UNE CRITIQUE 95
 PRÉVENIR ET GÉRER LES CONFLITS LORS DE L'ENTRETIEN 98
 TRANSITION DE LA PHASE 3 À LA PHASE 4 106

11. Phase 4 : le manager fait émerger les besoins professionnels du salarié 109
 TRADUIRE DES MOTIVATIONS EN SITUATIONS PROFESSIONNELLEMENT ACCESSIBLES 109
 LA TRANSITION DE LA PHASE 4 À LA PHASE 5 115

12. Phase 5 : le manager et le salarié négocient de nouveaux objectifs 117
 DETERMINER UN ENJEU 118
 L'OBJECTION : UNE PRISE DIRECTE POUR MIEUX NÉGOCIER 119
 LE CONTRAT D'OBJECTIFS 120
 DÉCLINER UN PLAN D'ACTION 122
 LA TRANSITION DE LA PHASE 5 À LA PHASE 6 124

13. Phase 6 : le manager conclut l'entretien 127
 LA FORMALISATION DU CONTRAT 127
 LE SUIVI DU NOUVEAU CONTRAT D'OBJECTIFS ET L'ÉCHELONNEMENT DU CALENDRIER 127
 RÉCAPITULONS 129
 LE GUIDE DE LA CONDUITE D'UN ENTRETIEN D'ÉVALUATION 130

Conclusion 133

Annexes 135
 MATRICE DE L'ENTRETIEN D'ÉVALUATION 136
 LES TEXTES DE LA RÉFORME DE LA FORMATION 141
 CORRIGÉS DES EXERCICES 141

Index 149

Introduction

Depuis ces dernières années, la législation relative à la formation professionnelle incite les salariés à devenir acteurs de leur formation. Plus encore, la loi du 23 mars 2006 sur l'égalité salariale hommes et femmes rend obligatoire d'ici à fin 2010 un rapport de situation comparée hommes/femmes retraçant les inégalités et présentant un plan d'action ajusté.

Une égalité d'accès à la qualification pour les hommes et les femmes est ainsi projetée et a pour conséquence de renforcer les dispositifs emploi-formation des entreprises concernées (moins de 600 salariés).

Outil de gestion et de mobilité des carrières, l'entretien d'évaluation annuel prend donc une nouvelle dimension et contribue à renforcer la culture compétences. En effet, formalisé et validé, l'entretien annuel d'évaluation est structuré par une négociation sur la rétribution des savoirs qui permet :

- l'actualisation des compétences ;
- la lisibilité des performances réalisées.

Ces deux attributs invitent à la réflexion...

Les salariés sont-ils vraiment « armés » pour entreprendre ces négociations ?

Les managers réalisent-ils pleinement que leur conduite de l'entretien d'évaluation ressemble curieusement à celle de leur management journalier ?

Si l'entretien se déroule en laissant une certaine marge d'autonomie au salarié, on peut supposer que le manager favorise cette même autonomie dans l'animation de son équipe. Au contraire, si l'entretien est restreint à un monologue égotique et se déroule sans prise de position, il y a fort à parier que le manager s'apparente à une « courroie de transmission ».

La richesse d'un entretien annuel d'évaluation dépend de ses « utilisateurs » et reste un exercice difficile car :
- il croise enjeux professionnels et enjeux personnels,
- il cumule esprit d'analyse et esprit de synthèse,
- il requiert maîtrise de la négociation et évitement de toute manipulation.

Cet ouvrage se propose de faire progressivement découvrir la logique qui fait évoluer un entretien d'évaluation.

La première partie explique l'utilité de l'entretien d'évaluation et présente les aspects psychologiques des acteurs impliqués. La deuxième partie rend explicites les « ingrédients » de l'entretien annuel d'évaluation et décline les différents moments de sa préparation. La troisième partie explique le côté pratique de cet entretien. Et enfin, la quatrième partie facilite l'intégration des données en proposant quelques exercices.

PARTIE I

COMPRENDRE L'ENTRETIEN D'ÉVALUATION DES COMPÉTENCES

Dans cette partie, nous définirons :
- les particularités d'un entretien d'évaluation actuel ;
- les aspects psychologiques contenus dans ce type d'entretien ;
- l'interaction des phases de l'entretien d'évaluation.

1

Le positionnement de l'entretien d'évaluation des compétences dans la gestion des ressources humaines

La **GPEC** (gestion prévisionnelle des emplois et des compétences) sert à concevoir, mettre en œuvre, contrôler les politiques et les pratiques visant à réduire les écarts entre besoins et ressources de l'entreprise. La GPEC associe les éléments quantitatifs – les effectifs – et les éléments qualitatifs – les compétences.

L'entretien d'évaluation « comptabilise » les compétences disponibles, définit celles en devenir et alimente le vivier des savoir-faire de l'entreprise ; il contribue à la définition du niveau de performance de chaque organe de l'entreprise et permet ainsi d'adapter plus justement le volume de recrutements et de mobilités.

L'aspect le plus discutable de cette stratégie réside dans sa capacité à actualiser les compétences qui, par définition, présentent un aspect « évanescent, volatil et instable ». Le temps de centraliser puis d'exploiter les compétences recensées lors de l'entretien, certaines ont déjà disparu, remplacées par d'autres encore insoupçonnées.

Cependant, l'entretien d'évaluation reste l'un des outils décentralisés de la direction le plus proche des réalités terrain et le plus générateur d'informations. Pratiqué en respectant les règles du jeu, il vaut son pesant d'or. Aux managers de le défendre !

L'entretien professionnel a vu le jour avec la réforme de la formation professionnelle. Rendu obligatoire, il ne mesure aucune opérationnalité mais assure la remontée des besoins de formation et les projets professionnels des salariés.

LES DIFFÉRENCES ENTRE ENTRETIENS PROFESSIONNELS ET ENTRETIENS D'ÉVALUATION

Pour saisir plus facilement la différence entre entretien professionnel et entretien d'évaluation, il suffit d'analyser ces derniers sous l'angle des apports respectifs entreprise/salarié :
- l'entretien professionnel définit ce que l'entreprise apporte à son salarié en matière de développement des compétences ;
- l'entretien d'évaluation mesure ce que le salarié apporte à l'entreprise en matière de performance.

Le premier entretien cadre les attentes professionnelles et le deuxième définit les résultats opérationnels. L'un valide les droits du salarié en matière de formation professionnelle, l'autre rétribue une performance.

Pour approfondir l'analyse, visualisons les relations ascendantes et descendantes des deux entretiens.

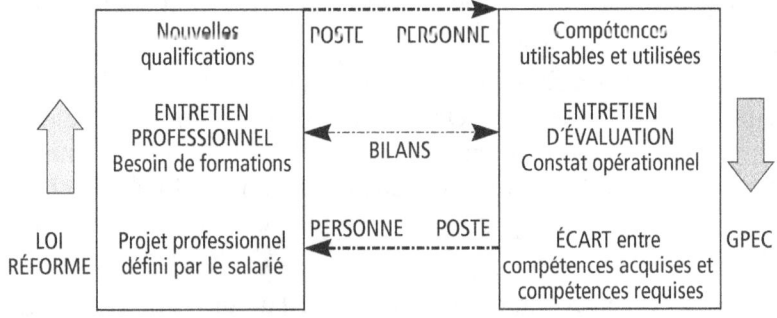

D'autre part la législation ne fait pas mention de l'entretien d'évaluation mais uniquement de l'entretien professionnel.

Que dit la réforme de la formation professionnelle (voir texte en annexe)

L'avenant n° 1 du 20 juillet 2005 à l'ANI du 5 décembre 2003 prévoit explicitement que « tout salarié ayant au minimum deux années d'activité dans une même entreprise bénéficie, au moins tous les deux ans, d'un entretien professionnel réalisé par l'entreprise conformément aux dispositions d'un accord de branche ou d'entreprise ou, à défaut, dans les conditions définies par le chef d'entreprise. »

Cet entretien permet aux salariés de participer à leur développement professionnel en explicitant leurs attentes et leurs besoins en matière de formation.

Le manager recueille les souhaits, oriente et aide le salarié en tenant compte des éléments suivants :

- poste de travail occupé par le salarié ;
- demandes de formations à l'initiative de l'employé, notamment le DIF (droit individuel à la formation tout au long de la vie, texte en annexe) et le CIF (congé individuel de formation) ;
- besoins de l'entreprise ;
- projets du salarié.

Le manager se doit d'informer le salarié des dispositifs de formation tout au long de la vie :

- période de professionnalisation ;
- VAE, la validation des acquis de l'expérience ;
- bilan de compétences ;
- CIF, congé individuel de formation ;
- du droit au DIF, droit individuel à la formation.

Le jugement de valeur n'est pas de mise dans ce type d'échange, seules l'information et l'orientation vers « l'accessible-réalisable » guident l'entretien.

L'entretien professionnel s'apparente à un outil de recensement des besoins de formation de l'entreprise mais ne figure pas au palmarès des outils de management.

Certaines entreprises cumulent les deux types d'entretien, il faut cependant noter un problème de calendrier :

- l'entretien professionnel a lieu tous les deux ans ;
- l'entretien d'évaluation a lieu tous les ans.

La solution réside le plus souvent dans un entretien annuel d'évaluation intégrant dans ses phases 3 et 4 les basiques de l'entretien professionnel. Aucune obligation n'a été décrétée régissant la séparation ou le cumul de ces deux entretiens. En intégrant le principe de dialogue formalisé entre manager et salarié, l'entretien professionnel transforme progressivement les mentalités des petites et moyennes entreprises.

LA RELATION ENTRE ENTRETIEN D'ÉVALUATION ET GPEC

L'entretien d'évaluation constitue l'un des outils du système GPEC le plus opérationnel grâce à sa dimension relationnelle individualisée.

Véritable courroie de transmission entre la direction des ressources humaines et les salariés, l'entretien d'évaluation permet de cibler les niveaux de performances à partir des aptitudes et des compétences individuelles.

Le contrat d'objectifs inclus dans l'entretien d'évaluation établit le lien formel avec toute GPEC et permet d'affiner la projection de l'employabilité de l'entreprise :

- que doit-elle prévoir en matière d'évolution et d'adaptation des salariés ?
- de quelles formations ces derniers auront-ils besoin ?
- existe-t-il une convergence entre l'orientation stratégique de l'entreprise et les stocks de compétences disponibles ?

Les lois promulguées incitent l'entreprise à démultiplier un management de type relationnel :

- la réforme de la formation professionnelle tout au long de la vie 2004 met en place un « prototype » édulcoré de l'entretien d'évaluation en instaurant un dialogue formalisé entre salarié et manager. Une nouvelle culture se déploie et permet au salarié de se projeter vers de nouveaux métiers et plus implicitement de prendre en main sa propre éducation professionnelle.

- la loi de modernisation sociale du 18 janvier 2005 précise : « *toute décision de licenciement pour motif économique ne peut intervenir que si le reclassement des intéressés dans l'entreprise ou le groupe s'avère impossible. En conséquence, avant de commencer la procédure de licenciement, l'employeur est tenu de tout mettre en œuvre pour :*

  – former et adapter le salarié concerné à l'évolution de son emploi ;

  – le reclasser dans l'entreprise (ou dans le groupe auquel elle appartient) dans un emploi relevant de la même catégorie que celui qu'il occupe ou sur un emploi équivalent ou, à défaut, et avec l'accord exprès du salarié, sur un emploi d'une catégorie inférieure. »

La GPEC facilite la mobilité interne et revêt un aspect stratégique lors d'un éventuel licenciement économique. L'entretien d'évaluation assure le lien entre les compétences usitées par le salarié et les exigences du poste sur lequel le salarié peut être transféré.

Le schéma suivant rappelle le positionnement de l'entretien d'évaluation dans la GPEC.

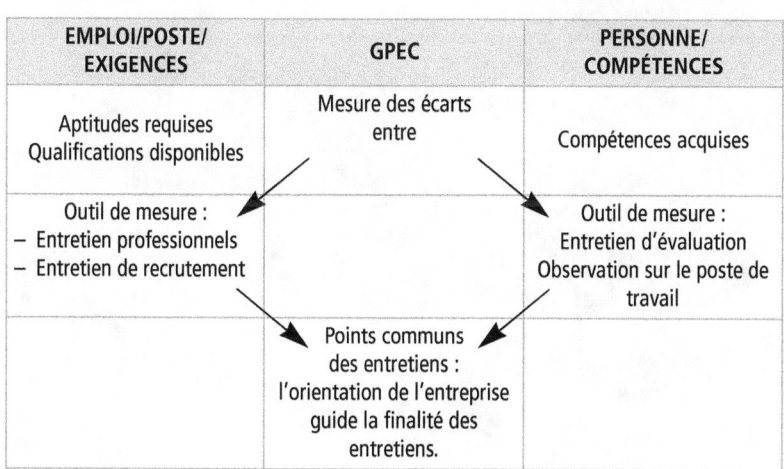

2
L'aspect psychologique de l'évaluation

RELATION DE DÉPENDANCE OU MARQUE D'INTÉGRATION ?

L'évaluation fait référence à l'estimation d'une valeur, d'un objet ou d'une personne en usant d'un jugement de valeur, d'un référentiel personnel.

Dés lors, l'intitulé « entretien d'évaluation » instaure le malaise du doute ; en effet, un jugement de valeur peut modifier notre avenir, modifier nos habitudes et nos repères. Ainsi, nous nous soumettons bon gré, mal gré à une évaluation qui nous fera conscientiser les points positifs et les faiblesses d'une situation vécue.

Soulignons que le jugement de valeur sous-tend une relation particulière dans laquelle prime le rapport « observateur/observé » généralement ressenti comme « dominant/dominé ». La terminologie se référant à la notion d'évaluation ne peut que donner quelques frissons aux plus anxieux d'entre nous et exciter la rébellion des plus hardis.

Une évaluation personnelle produit une remise en cause, une transformation souhaitable de notre comportement dans des situations identifiées comme positives ou négatives de la part des tiers. On se soumettra plus facilement à cette remise en cause si elle est menée par une personne en qui l'on a confiance.

Une évaluation professionnelle produit également une remise en cause, mais une différence de taille change la dimension relationnelle : nous nous soumettons à un principe hiérarchique incarné par un manager que nous n'apprécions pas toujours ou dans lequel nous n'avons parfois qu'une confiance limitée. Faute d'estime réciproque entre supérieur hiérarchique et collaborateur, un entretien d'évaluation professionnelle peut se réduire à un affrontement quasi paranoïaque ayant un seul objectif : déterminer celui qui arrivera le mieux à protéger ses acquis et à maintenir une position sécurisée.

Cependant, l'entretien d'évaluation suppose un dialogue, c'est-à-dire une relation d'égal à égal dans un cadre formalisé en un temps limité d'une heure à une heure trente, moment dit « privilégié », puisque chacun pourra expliciter sa position quant au travail fourni et présenter ses attentes professionnelles.

L'aspect psychologique d'un entretien d'évaluation fait émerger la contradiction suivante.

Initialement, l'entretien sous-tend une relation de pouvoir modelée par des positions hiérarchiques.

De plus, l'évaluation professionnelle régit une situation observateur/observé.

Cependant, un dialogue requiert une relation d'égal à égal.

Par conséquent, il est tentant de conclure qu'un entretien d'évaluation n'est qu'un « leurre », une « comédie » dans laquelle chacun assure un rôle plus ou moins bien tenu, plus ou moins bien appris.

Seuls les paramètres suivants rééquilibreront un entretien d'évaluation :
- la production de faits, rien que de faits : adieu les opinions, les *a priori* et les interprétations flirtant avec la mauvaise foi ;
- le respect partagé des temps impartis à l'écoute ;
- l'ouverture vers des évolutions professionnelles ;
- la rétribution trébuchante des résultats atteints et non le saupoudrage d'une « enveloppe » sur la totalité de l'équipe.

LE DIALOGUE ET LA NOTION DE RÔLE

Bien compris, l'entretien d'évaluation permet un échange professionnel cadré par un rituel et sécurisé par une formalisation validée de part et d'autre.

Le collaborateur sera informé de son entretien par voie hiérarchique, les objectifs et le déroulement de l'entretien sont précisés dans l'invitation ; de même, un support de préparation listant les principales questions enrichit le futur dialogue et permet de peser les termes utilisés.

L'environnement lui-même a son importance. Il paraît évident qu'un endroit calme sans téléphone est tout indiqué pour ce type de rencontre professionnelle, permettant à chacun de se concentrer sur un échange productif.

Les rôles impartis

La notion de rôle ne peut échapper aux acteurs de l'entretien.

Ces rôles n'ont rien de factice ou d'hypocrite, il s'agit de respecter la contribution attendue de chacun dans l'organisation de l'entreprise. Lors de l'entretien d'évaluation, l'évaluateur fait un examen d'une situation rentable ou non pour son équipe et le collaborateur fait état de sa contribution aux performances de ladite équipe. L'entretien ne peut se concevoir et se réaliser que dans cet état d'esprit.

> Un entretien d'évaluation croise deux dimensions :
> - l'une centrée sur l'observation de situations professionnelles, alimentée par des constats ;
> - l'autre, orientée sur l'appréciation des compétences d'une personne.
>
> Soyons clairs, il s'agit bien d'un jugement de valeur sur le **comportement au travail** d'une personne et non sur ses qualités personnelles, intimes. L'entretien personne-situation constitue l'un des outils utile à la gestion des ressources humaines. Il fait le trait d'union indispensable entre les besoins en matière de savoirs, de compétences et la visibilité de ces besoins à l'instant T.

La relation de confiance

L'entretien d'évaluation met en évidence la facette communication du management. L'entretien peut améliorer la relation de confiance avec l'équipe comme il peut la détériorer ; il peut donc compromettre l'équilibre d'un groupe de travail comme il peut en gonfler les motivations en libérant des énergies en sommeil.

La relation de confiance se tisse au quotidien par les fils de la crédibilité. Elle inclut le sentiment de sécurité qui « se fabrique » à partir de repères quotidiens, de règles communément acceptées et de valeurs morales reconnues.

Comment un manager fabrique-t-il ce process « maison » ?

Sa première pierre de fondation se nomme **exemplarité** ; tel un père, le manager donne l'exemple à son équipe. Il évite donc les situations confuses et interprétables au gré de chacun.

Sa deuxième pierre est baptisée **bienveillance** ; une bienveillance vraie, sans artifice de séduction forcée, celle qui émane de la sympathie naturelle pour l'être humain. Cette bienveillance permet de trouver le chemin de la confiance emprunté par les équipiers. Sans elle… point de résultat durable.

Sa troisième pierre est posée sur une **information utile** à la tâche de chacun, distillée de façon régulière et exprimée sans équivoque.

Les registres d'expression prennent toute leur signification dans cet acte de communication quotidien (voir chapitre « Préparer un entretien d'évaluation »).

LES ERREURS D'APPRÉCIATION

Un jugement de valeur peut déraper à tout moment, il faut donc bien admettre qu'une évaluation n'est pas objective à 100 %, gardons présent à l'esprit la liste non exhaustive des sources d'erreurs les plus classiques. Ces dernières s'amenuisent si l'entretien d'évaluation résulte bien d'un suivi régulier pendant l'année écoulée ; le manager connaît alors les circonstances qui ont marqué ses équipiers, son entretien gagne ainsi en efficacité car ses négociations porteront sur des objectifs ajustés aux efforts du salarié.

Le piège des non-dits

L'entretien d'évaluation génère un rejet chez certains collaborateurs, aussi préfèrent-ils ne donner aucune prise en alimentant le dialogue par des banalités, des silences ou des expressions sibyllines.

Pensant amener un confort à son collaborateur, le manager interprète les phrases à double-sens, termine les phrases, alimente lui-même le dialogue ou, pire, traduit les silences…

Quelle que soit la source des non-dits (timidité, anxiété, stress ou essai de manipulation), le manager portera une attention toute particulière à cette communication faussée qu'il rectifiera immédiatement. S'il s'agit d'un manque de préparation, il n'hésitera pas à remettre l'entretien à une date ultérieure.

Les non-dits ou mal-dits provoqueront des inférences, puis des déclarations d'intentions ou des blocages, des débats d'opinions stériles ou des renversements d'autorité.

Les *a priori*

Le dérapage se fait de façon insidieuse. La sympathie ou l'antipathie ressentie pour l'évalué influence fortement le jugement de valeur ; ainsi le collaborateur estimé de son supérieur hiérarchique se verra-t-il attribuer plus de qualités que celui désigné comme antipathique. La loi des atomes crochus ne se neutralise pas sous la baguette magique d'un entretien d'évaluation, seule l'analyse des situations et des faits aidera à pallier ces déviations.

L'interrogatoire-sanction

Le manager abuse de son statut et se transforme en bourreau, l'évalué doit répondre juste sous peine de se retrouver au banc des accusés !

L'erreur devient manque et toute justification se traite comme une opposition.

En bref, le manager s'arrange pour que l'évalué ne puisse émettre la moindre demande ou apporter le moindre changement. L'efficacité de l'entretien s'approche du zéro intégral.

L'excès d'empathie

À force de se mettre à la place de l'évalué, le manager a presque honte de son autorité. Proche du management laxiste, l'évaluateur n'apprécie plus que le ressenti de son interlocuteur. S'il a affaire à un bon comédien, il se laisse embarquer dans des considérations dignes d'assistantes sociales ou de psychologues apprentis sorciers.

Puis, à force de promettre à chacun un « petit plus », il se retrouve avec des équipiers démotivés, voire agressifs, qui échangent entre eux : « *Comment autant d'efforts pour si peu de récompense ? Mais il se moque de nous...* »

L'excès de zèle

L'évaluation est faussée par un jugement axé sur la performance et non sur la compétence.

L'équipier se trouve coincé par des objectifs difficilement accessibles. Seul le « top du top » entrevoit un espoir d'évolution dans l'équipe en tablant sur la rivalité.

Résultat : démotivation, arnaques et ambiance d'enfer assurées.

LES PARTICULARITÉS DE L'ENTRETIEN AVEC UN SENIOR

Le manager se trouve confronté à un comportement équivoque. Les projets dits « nouveaux » se heurtent à l'expérience des seniors qui cherchent une réponse dans leur vécu professionnel. Au fil des années, le senior est devenu au mieux un homme averti, au pire un homme méfiant qui, dans tous les cas, ralentit la fluidité du mouvement imprimé à l'entreprise. Le senior devient plus difficile à convaincre : il dispose de situations de référence opposables aux arguments du manager ; cependant, il reste le plus souvent de bonne foi. Le senior présente une force de résistance entretenue par ses savoirs propres ou résultant de principes inoculés par la force des années. Lors de l'entretien, le manager endure cette résistance naturelle qu'il perçoit comme une rigidité ou comme un manque de collaboration. Le dialogue de l'entretien d'évaluation s'appauvrit et se limite aux difficultés du quinquagénaire face au phénomène de l'usure.

Le senior présente plus couramment :

– de l'inertie ;

– de la démotivation ;

– une fragilité physique ou psychologique ;

– une incompatibilité de valeurs intergénérationnelles ;

– une baisse de l'adaptation à la contrainte ;

– un sentiment d'inutilité qui le conduit à la morosité, à l'irritation voire à la dépression.

Son rythme biologique change et il met plus de temps à récupérer ; la profusion des informations, la haute densité des pressions subies et les atteintes affectives grignotent son énergie ou polluent sa mémoire.

Le manager doit faire face à un nouveau défi : celui de garder l'équilibre de son équipe en articulant les différents rythmes de travail et les modes de rentabilité s'y référant.

Quelques pistes de réflexion mériteraient un approfondissement.

Une chose à la fois

Le senior préfère travailler sur un seul dossier à la fois et le mener à terme sans retouche. Il stresse plus facilement à l'idée de devoir mener plusieurs projets de front que de se savoir contrôler sur sa « qualité » de production. En effet, les années aidant, il excelle dans certains domaines et le goût du travail bien fait lui procure une réelle satisfaction. Hélas, cette disposition d'esprit ne correspond guère aux projets à rentabiliser dans les plus brefs délais.

Cependant, ne peut-on pas repenser les performances de l'équipe en investissant dans une organisation du travail incluant qualité/volume de travail ?

Un tuteur sommeille peut-être dans le senior

Le senior gourou, tuteur, conseiller, accoucheur, assistante sociale : voilà une belle enseigne fourre-tout qui donne bonne conscience mais ne peut en aucun cas être systématisée. N'est pas tuteur qui veut. La méthode s'acquiert certes, mais la fibre du pédagogue ne s'invente pas.

Les seniors présentant les minimums requis pour ces missions contribuent à la performance des savoirs de l'entreprise.

Concrètement, quelles sont les dispositions prises lors d'un entretien d'évaluation pour faire émerger ces potentiels et les préparer à une deuxième carrière ?

Depuis la réforme de la formation professionnelle de 2004, le coût du tutorat peut, dans une certaine mesure, faire l'objet d'une aide financière.

Étudions à présent les pratiques innovantes dans ce domaine.

Formation et mobilité interne

Un senior se forme moins qu'un junior : soit il n'en a pas l'envie pour les raisons invoquées précédemment, soit son obstination à ne rien changer dans ses habitudes de travail le pénalise d'office. L'évolution de la performance du senior s'avère donc moins rentable que celle du junior.

A contrario, est-ce que le coût des erreurs de jeunesse est pris en compte dans un profil dit « performant » ?

Une GPEC bien menée trouverait sa raison d'être en adaptant de nouveaux emplois aux profils des seniors ; un nouveau système de compétences adapté aux motivations des quinquagénaires mobiliserait sans aucun doute les seniors et donnerait un nouvel essor aux formations dispensées.

L'entretien d'évaluation pourrait intégrer le recueil des données nécessaires pour établir de nouveaux référentiels de compétences seniors. Que nenni ! Il est préférable de mesurer les manques de cette population plutôt que de rechercher des nouveaux gisements de qualités.

Le télétravail

Le télétravail ne porte guère les stigmates du succès ; cependant, il fut un temps où les études de rentabilité se présentaient plutôt bien. Aujourd'hui le senior y trouverait un compromis respectant son rythme personnel et la productivité de son travail. Cette option télétravail nécessiterait une rigueur dans la déclinaison des contrats d'objectifs. L'entretien d'évaluation prendrait une valeur ajoutée : le troc d'un semblant de suivi post-entretien contre un suivi calendaire des résultats effectifs.

3

Les raisons d'être de l'entretien d'évaluation

L'utilité de l'entretien d'évaluation pour le salarié, le manager et l'entreprise

Pour le salarié	Pour le manager	Pour l'entreprise
– Exprimer ce qu'il pense de son travail actuel. – Définir son évolution de carrière.	– Adapter les potentiels du salarié aux besoins de l'unité, ce en tenant compte des priorités de l'entreprise.	– Optimiser l'adéquation emploi/performance. – Faire respecter ses axes de développement.
– Savoir ce que sa hiérarchie pense de son travail.	– Établir et maintenir un dialogue avec ses salariés. – Dissiper les malentendus.	– Recenser les besoins de formation en fonction de ses priorités.
– Savoir ce que l'entreprise, l'unité attendent de lui (axes de progrès).	– Donner envie à ses salariés de progresser en fixant des objectifs.	– Améliorer ou développer le management par objectifs. – Rentabiliser un système de primes fondées sur la performance.
– Savoir comment ajuster ses actions pour respecter son contrat.	– Actualiser le contenu du poste.	– Établir un circuit d'information ascendant et descendant.

POUR LE SALARIÉ

Exprimer ce qu'il pense de son travail actuel

L'entretien annuel permet de faire le point sur les procédures, le rythme de travail, les horaires, la production, les dysfonctionnements rencontrés durant l'année. Mais pour le salarié, c'est aussi le moment de présenter ses doléances et d'exprimer les raisons qui motivent soit une demande de mutation vers une autre activité, soit une inscription à une formation…

Savoir ce que sa hiérarchie pense de son travail

L'homme au travail a besoin d'un retour d'information sur ce qu'il fait. L'absence d'appréciation est vécue comme un manque de reconnaissance de l'utilité de son travail ou de sa place dans l'équipe.

Pour chacun d'entre nous, il paraît évident que l'homme a besoin d'être différencié de son outil de production (machine, ordinateur…). Cependant une non-reconnaissance des résultats du salarié équivaut pour ce dernier à lui affecter ce statut de machine.

Ne serait-ce que pour cette raison, l'entretien d'évaluation annuel doit exister et se pratiquer avec une réelle conscience professionnelle.

Savoir ce que l'entreprise, l'unité attendent de lui

Le salarié aura l'occasion de s'informer sur les orientations de l'entreprise qui influent directement sur sa tâche. La clarification des objectifs de l'unité est la condition essentielle au positionnement du salarié. L'entretien d'évaluation sert aussi à l'informer le plus précisément possible sur les résultats que l'entreprise ou l'unité attendent de lui.

POUR L'ENTREPRISE

Établir un circuit d'informations ascendant et descendant

L'entretien annuel assure à l'entreprise un moyen de communication et d'information individualisé.

Pour être active, cette communication doit fonctionner dans les deux sens : de la direction vers les salariés (information descendante) et des salariés vers la direction *via* la hiérarchie (information ascendante).

Recenser les besoins de formation

L'entretien annuel est l'occasion de faire le point sur les progrès à fournir par une équipe, ou un département. Le supérieur hiérarchique qui assure le recueil des besoins de formation de ses salariés veille à la cohérence de cette demande ; celle-ci devra coïncider avec l'axe de développement de l'entreprise. L'entretien constitue donc un avantage réel pour l'entreprise concernant l'adéquation formations/métier.

Optimiser l'adéquation emploi/performance

Le supérieur hiérarchique peut proposer au salarié une formation assurant le développement de ses compétences; il sera alors question d'objectifs de performances ou de progrès.

L'entretien est un moyen concret d'ajuster les formations aux besoins réels du terrain.

Cet avantage est indéniable pour l'entreprise.

Améliorer le management par objectifs

L'entretien annuel est le départ d'un nouveau parcours balisé par différents objectifs. Le manager peut le suivre et rectifier le trajet en cours de route.

POUR LE MANAGER

Établir un dialogue formalisé avec ses subordonnés

Certes, le manager n'attend pas l'entretien annuel pour communiquer avec son équipe. Le dialogue informel existe au quotidien et se révèle opérant. Néanmoins, l'aspect formel de l'évaluation annuelle offre au manager une dimension supplémentaire : celle d'un engagement « bipartite » : le manager s'engage à allouer les moyens nécessaires aux progrès du salarié, et le salarié s'engage dans l'atteinte de ses objectifs.

Développer les compétences de son unité de travail

Il est dans l'intérêt des trois acteurs – entreprise, manager, salarié – de faire fonctionner les potentiels existants. L'entretien matérialise ce point de rencontre entre ce que peut et veut devenir un salarié et ce que veut et peut accorder l'entreprise. Le manager est le trait d'union et l'entretien son moyen formel.

Actualiser le contenu des postes de travail

Les métiers changent et s'enrichissent de nouvelles tâches. L'entretien est l'occasion de lister les tâches qui évoluent pour finalement transformer petit à petit un métier.

Les compétences exigées et objectifs associés pour un poste donné devront être ajustés à cette mouvance ; l'entretien reste un « organe » d'observation opérationnel.

LES INTÉRÊTS COMMUNS

Quels que soient les acteurs, l'utilité de l'entretien met en évidence les facteurs communs suivants.

Information et communication

Ascendant ou descendant, l'entretien est un canal de communication. Les rumeurs ou les bruits de couloir y sont systématiquement éliminés pour faire place à des informations exactes ou des renseignements formels. Ces informations circulent du manager au salarié et *vice versa*.

Il est difficile d'imaginer un entretien sans communication, et pourtant… Qu'est-ce donc qu'un monologue ? Monologue de l'évalué, monologue du manager… Le tout rythmé en deux heures et nous dirons qu'un entretien a eu lieu. Mais est-ce vraiment nécessaire de préciser que ces entretiens prétextes masquent une difficulté soit à mener un entretien soit à communiquer.

Motivation

La motivation est un vaste sujet, l'objet de cet ouvrage n'est pas de débattre de son existence mais de faire de l'entretien un moyen de la faire naître et/ou de l'entretenir.

Il est vrai qu'un manager qui ne croit pas en son entretien ne sera pas ou peu crédible. La confiance sera inexistante. Or, la confiance est une pièce maîtresse de la motivation. Le plaisir d'accomplir un travail bien fait peut être motivant pour certains ; si le manager accorde son attention à cet état de fait, il pourra aider son subordonné à devenir un expert. Tous les ingrédients de la motivation sont réunis et peuvent prendre une tournure concrète lors de l'entretien.

4

La stratégie de l'entretien d'évaluation

La **crédibilité** du manager se joue au cours de cet entretien, il aura donc à relever un challenge : transformer les dispositions de ses collaborateurs en moteurs de progrès.

Il sera censé lui donner un nouvel élan tout en rétribuant avec justesse sa contribution aux progrès de l'unité.

Lors d'une évaluation, salarié et manager mettent en jeu des intérêts personnels et collectifs :

- l'un veut améliorer la performance de son équipe et, par là même, valoriser sa compétence de manager ;
- l'autre souhaite faire progresser sa carrière, gagner une promotion, améliorer son salaire.

L'enjeu se définit par un gain ou par une perte qui entérine le risque encouru : « *Game over* » !

L'axe contribution/rétribution ponctue cet entretien de négociation individuelle.

L'ENJEU ET LA RÉTRIBUTION

Mais qu'évalue-t-on lors d'un entretien d'évaluation ? Une capacité, une compétence ou une performance ?

L'entreprise rémunère les capacités d'un salarié, valide des compétences et récompense des performances.

Le salarié ambitionne une augmentation de salaires, des primes, une évolution de carrière. Dans tous les cas, il lui faudra faire valoir l'atteinte de ses objectifs.

Une précision sur les termes suivants s'impose :

- **La capacité** résulte des savoirs, elle se fabrique soit par les études ou la formation (réforme de la formation professionnelle tout au long de la vie), soit par le compagnonnage, le tutorat ou encore de façon autodidacte. La capacité se valide par un diplôme ou une attestation. C'est la somme des aptitudes nécessaires à l'exercice d'une tâche, d'une activité ou d'un emploi. Elle fait appel aux savoirs théoriques (connaissances) et aux savoir-faire (mise en pratique des connaissances).
- **La compétence** fait référence à une façon de faire reconnue comme efficace à l'exercice de ses fonctions, elle est plus difficilement remplaçable car elle appelle des qualités humaines bien spécifiques et limitées dans un espace temps. C'est la mise en œuvre de capacités en fonction des exigences de l'environnement. Elle fait appel à un comportement professionnel (savoir-être).
- **La performance** se définit par un seuil de rentabilité pour l'entreprise. La performance pourrait s'illustrer ainsi : les robots remplacent les hommes et assurent la rentabilité d'un domaine essentiellement technologique (zéro congé, zéro absentéisme, zéro revendication… seule une maintenance préventive affecterait le budget…).

Les fonctions nécessitant créativité, autonomie et responsabilité décisionnelle appellent la notion de compétence que nos robots ne possèdent pas encore totalement.

En tout état de cause, la totalité des capacités et compétences des équipes assure la performance d'une entreprise.

Comment prouver que l'on détient une compétence si ce n'est par les résultats probants de son travail ?

Comprendre la logique du déroulement d'un entretien d'évaluation rend la compétence plus négociable pour le salarié comme pour le manager.

La performance

Ne confondons pas niveau de performance et niveau de compétence. Une compétence n'est pas toujours la garantie de la performance ; il en va ainsi des savoirs obsolètes qui coûtent plus à l'entreprise qu'ils ne lui rapportent.

Les entretiens d'évaluation permettent d'établir un recueil des capacités, compétences et performances disponibles dans l'entreprise. Le service des ressources humaines peut ainsi œuvrer à la définition des futurs savoirs nécessaires à court et moyen termes.

Le tableau suivant récapitule ces différentes notions.

Capacités	La capacité : « *être capable de* » indique un niveau global de savoirs intellectuel, physique, social. *Exemple :* Avoir la capacité de résoudre une équation, de faire un brushing, de réaliser une négociation. La capacité s'observe et se mesure par rapport à un niveau d'opérations à mener sur un poste de travail. La capacité est « homologuée » par un diplôme, une classification de postes.
Compétences	La compétence inclut le « sans erreur », l'autonomie et le sens de l'initiative pour solutionner les problèmes inhérents à une fonction. La compétence permet de « satisfaire une demande » en « juste temps » dans « un contexte spécifique ». On peut être compétent dans un domaine et incompétent dans un autre sans pour autant remettre en cause ses capacités. *Exemple :* un historien peut être incompétent en matière de négociation. Voilà qui ne remet pas en cause ses capacités intellectuelles. La compétence est donc spécifique : elle inclut un savoir-être, une façon de procéder qui rend le salarié précieux (notion de valeur ajoutée). La compétence peut évoluer dans le temps ou devenir obsolète, elle suit le mouvement imprimé par l'environnement. La compétence ne se mesure pas de façon intrinsèque (un comportement ne se quantifie pas comme la production de chaussures !), mais elle s'évalue par le biais d'indicateurs.
Performance	La performance se définit par rapport à un seuil de rentabilité. Capacité et compétences s'avèrent parfois insuffisantes pour maintenir une concurrence. La performance est un ensemble de capacités et de compétences duquel se dégage un gain ou un bénéfice. La performance se calcule et se mesure.

L'INTÉRACTION DES 6 PHASES DE L'ENTRETIEN D'ÉVALUATION

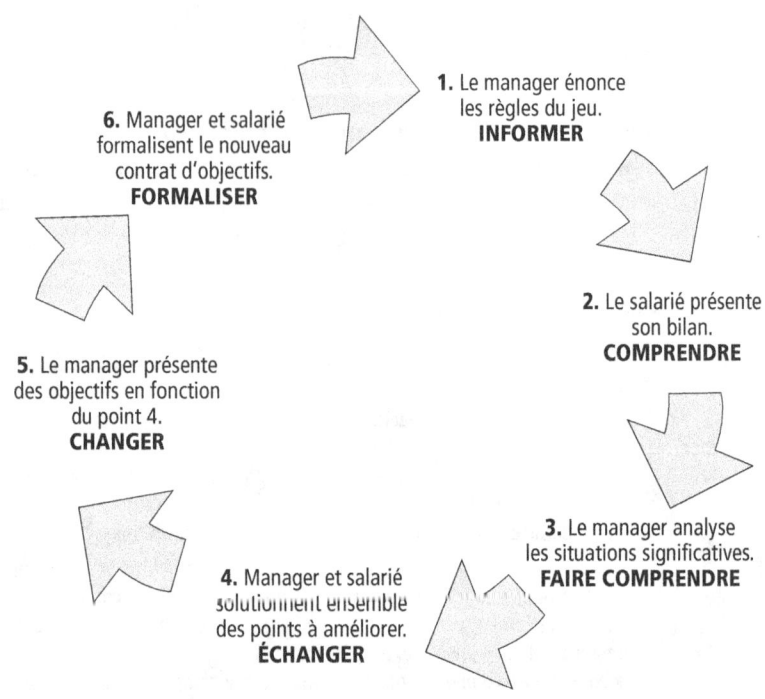

L'interaction des phases d'un entretien d'évaluation ne s'obtient pas de façon accidentelle : elle résulte d'une progression mesurée et tactique. Cette progression fera l'objet d'une explication plus détaillée ci-après.

Tout d'abord, rappelons que ce type d'entretien est fondé sur de la **négociation** et non sur les seules techniques de communication : ainsi la PNL (programmation neuro-linguistique) ou l'AT (analyse transactionnelle) s'avéreront rassurantes mais insuffisantes pour gérer un entretien d'évaluation. Elles n'arment guère le manager face aux réalités des confrontations ; la grandeur réelle d'un entretien d'évaluation se définit par les faits et les situations professionnelles qui rendent plus qu'éloquentes les compétences ou les manques de qualifications. L'entretien met en jeu en temps limité les **Vouloir-Savoir-Pouvoir** du manager et du salarié et débouche sur un contrat d'**objectifs** formalisés qui donne de la couleur à une année de travail !

L'enjeu (la *mise en jeu*) des intérêts personnels et collectifs caractérise la négociation d'un entretien d'évaluation digne de ce nom. N'ayons pas peur des mots, un entretien d'évaluation devrait s'intituler entretien de négociation et un manager n'excelle pas obligatoirement dans ce mode de communication.

Une négociation ne s'amorce pas systématiquement par un différend et n'engage pas obligatoirement une tactique comportementale !

Voyons le cas suivant : un collaborateur, fort de ses arguments chiffrés, démontre sa réelle performance. Comment le manager va-t-il pouvoir négocier un nouvel objectif de progrès ?

Il commence par vérifier chiffres et tableaux de bord, puis, si les arguments du collaborateur s'avèrent exacts, il valorise l'apport de celui-ci et oriente la négociation sur la façon d'optimiser une ou plusieurs de ses tâches ou sur la façon de rentabiliser un nouveau savoir.

Dans ce cas précis, la simplicité du chiffre et la véracité de la situation « significative » portent à elles seules la négociation de l'entretien d'évaluation.

Cet exemple illustre une communication adaptée à des situations de travail quantifiées, observables.

Par conséquent, dans un entretien d'évaluation :
- « **restons concrets** » pour que survive la crédibilité du manager ;
- « **soyons engagés** » pour que le manager ose prendre le risque de faire évoluer son équipier.

À présent, mettons en évidence l'aspect dynamique des six phases d'un entretien d'évaluation qui seront détaillées dans la deuxième partie de cet ouvrage.

L'aspect tactique de la phase 1 : l'accueil, les règles du jeu

Cette phase paraît banale. Cependant, elle détient une valeur stratégique indéniable.

La présentation des règles du jeu (temps imparti, nombre de phases et déroulement) sert à donner des repères et à créer une éventuelle sécurité. N'oublions pas que le salarié est hors de son « territoire » et se trouve sur celui de son supérieur hiérarchique.

En termes tactiques, nous dirons que le salarié bénéficie d'un **temps d'adaptation**. En d'autres termes, l'accueil permet au salarié de rassembler ses idées… et son énergie.

Son supérieur hiérarchique ne va pas tout de même pas lui « tondre la laine sur le dos » avant qu'il ait pu s'asseoir !

L'aspect tactique de la phase 2 : le manager aide son équipier à formuler les situations représentatives de son travail

Attention, il s'agit pour le manager de « **faire dire** ». Ce détail est capital ; en effet, combien de fois trouvons-nous une réponse à une question parce que nous la formulons à voix haute ? Le même processus peut opérer lors de ce dialogue professionnel. Le manager assure le rôle de facilitateur ou d'« accoucheur » de solutions. Nous verrons dans la deuxième partie que la façon de poser des questions facilite le dialogue, mais aussi que l'écoute dite « active » se présente comme un prérequis indispensable à toute négociation. Faites parler votre interlocuteur, cadrez l'expression pour limiter les bavardages et notez les faits, ils serviront la recherche de solutions sur des bases reconnues par les deux parties.

Revenons à l'aspect tactique de cette phase 2 de l'entretien. La maxime qui lui correspond serait : « *Messieurs les Anglais, tirez les premiers.* »

Le manager incite le salarié à parler, à s'exprimer pour :
- donner une tournure individualisée à l'entretien : si le manager détient des chiffres, il ne dispose par toujours des situations personnelles les étayant (remarque encore plus valable si le N+2 conduit l'entretien à la place du N+1) ;
- expliquer certains dysfonctionnements qui ont perturbé son évolution ou retardé l'atteinte de ses objectifs. Il ne s'agit pas de surfer sur une faiblesse de l'employé, mais de faire émerger les insuffisances pour les traiter ensemble dans la phase suivante de l'entretien. Ainsi le ton de l'entretien est-il donné : « Nous sommes là pour travailler ensemble à la formalisation de nouvelles solutions ou à l'éclosion de nouvelles idées face à une problématique. »

Donner la parole au salarié dès le début de l'entretien, c'est aussi lui donner la possibilité de commenter les difficultés qui ont occasionné un retard ou un échec dans l'atteinte de ses objectifs. Cette ouverture dénote plus que toute autre technique de communication stéréotypée la « classe » d'un manager ; il prouve par un acte constatable qu'il n'a pas d'*a priori* et qu'il est prêt à recevoir les arguments de son interlocuteur. Le petit côté pédagogue du manager éclaire bien cette phase : il lui est demandé de faire émerger une analyse *(des faits)* et non de donner son avis *(opinions)*. Combien de managers préfèrent distribuer directement une sanction *(rappelons que le terme de sanction recouvre la récompense comme la punition !)* en brûlant cette étape ?

Cette phase 2 a un **poids décisif dans la réussite de l'entretien d'évaluation** : le salarié qui conduit sa propre analyse reconnaît alors la nécessité ou l'opportunité d'améliorer certains aspects de son travail, par conséquent :
- il minimise ses désirs d'opposition ;
- il détient la possibilité d'être acteur de sa propre évolution, ce que prône le management actuel.

Le manager assume donc un rôle essentiel dans cette phase 2 :
- saura-t-il se taire pour écouter les explications du salarié, même si elles présentent certaines divergences ? Ses déclarations offriront un appui réel dans la négociation lors de la phase 4 ;
- saura-t-il aider son équipier à présenter l'analyse de situations ?
- saura-t-il jouer sa partition dans un registre d'équanimité ?

L'aspect tactique de la phase 3 : le manager évalue les résultats du salarié après l'avoir laissé présenter son bilan

La phase 3 revêt un aspect plus classique. Le manager expose ses conclusions sur les résultats du salarié.

Le salarié qui a eu le privilège de s'exprimer et d'être écouté (phase 2) sera naturellement plus enclin à **écouter** à son tour ; de surcroît, sa position se trouve clarifiée, par conséquent la pression ou le stress retombent, faisant fléchir son taux d'adrénaline.

L'écoute, prérequis indispensable à toute réelle communication, donne du crédit au manager et lui donne le feu vert pour passer à l'étape suivante.

L'aspect tactique de la phase 4 : manager et salarié recherchent ensemble des améliorations

Cette phase suppose une implication du salarié ; aussi faut-il avoir laissé libre cours à l'expression de ce dernier (phase 2).

Le manager, ayant préparé l'entretien, détient généralement tout ou partie des solutions propres aux situations professionnelles ; cependant, il s'efforcera de **les faire découvrir** par le collaborateur lui-même. La solution ou résolution des petits et gros problèmes ne peut s'envisager que si et seulement si la compréhension de la situation est acquise.

Rechercher et formuler ensemble des solutions, c'est admettre qu'il faut **résoudre un problème** !

Reste les moyens à trouver pour faire vivre cette nouvelle vision du travail. Cette phase 4 marque une transition dans l'entretien d'évaluation. Si elle est « ratée », il est encore temps de reprendre l'entretien à la phase 2.

L'aspect tactique de la phase 5 : le manager et le salarié négocient un nouveau contrat d'objectifs

Si les phases 2 et 4 ont été fructueuses, la négociation peut se limiter à la simple formalisation du contrat des nouveaux objectifs.

Une communication qui a permis le partage d'expériences professionnelles (phase 4) favorise la reconnaissance. Le salarié est donc motivé pour définir ses nouveaux projets pour l'année à venir.

Là encore, il ne s'agit pas d'agiter ses neurones pour adapter systématiquement son comportement à celui de son interlocuteur, mais de les utiliser pour recadrer les propos tenus vers un registre strictement opérationnel.

La maîtrise de quelques prérequis de l'expression en milieu professionnel suffit amplement pour guider un entretien. Nous les passerons en revue dans la deuxième partie de cet ouvrage.

> Le salarié a donc :
> - identifié des situations dont les résultats n'étaient pas à la hauteur de ses objectifs ; rappelons que la phase 2 requiert un bilan présenté par le salarié lui-même ;
> - envisagé avec son manager des solutions pour remédier à ces situations ou pour améliorer une situation déjà satisfaisante (phase 4).

À ce stade, refuser de nouveaux objectifs fondés sur des évolutions accessibles tient de la provocation pure et dure.

L'aspect dynamique de la phase 6 : le manager formalise l'entretien

La phase 6 ne revêt aucun aspect tactique, elle formalise la négociation qui a eu lieu en phase 5.

Les phases 2 et 4 déterminent les moments clés d'un entretien d'évaluation.

ÉVALUATION ET MESURE D'UN RÉSULTAT

L'entretien d'évaluation devrait décidément porter une autre dénomination. Durant ce type d'entretien, le manager **évalue le degré de motivation** de son salarié (la personne) et **mesure les résultats** de son travail (une situation). Afin d'éviter des confusions de langage, différencions dès maintenant les termes d'évaluation et de mesure.

Évaluation	Mesure
Registre subjectif faisant appel à un système de valeurs personnelles, l'évaluation s'appuie sur des opinions ou des ressentis.	Registre objectif faisant appel à des faits concrets et quantifiables. Fait référence à des normes établies, au principe de conformité. C'est un calcul d'écart entre deux situations, deux caractéristiques.
L'évaluation est fondée sur la dimension humaine.	La mesure est réalisée sur un objet vérifiable ou observable.
On évalue un degré de satisfaction.	On mesure un résultat.
Exemple : évaluation du dynamisme d'un groupe. (La valeur de référence fait appel à différentes qualités selon les personnes ; le dynamisme est pour certains de l'entrain, de la participation, pour d'autres, il sera créativité…)	*Exemple :* mesure de la participation à une réunion. (Nombre de propositions émises, nombre d'interventions…)
Le jugement s'évalue.	L'objectif se mesure.

Dans le tableau ci-dessous, distinguez les affirmations vraies des affirmations fausses.

Affirmations	Vrai	Faux
La compétence peut devenir obsolète.		
La performance vise le bien-être du salarié sur son poste de travail.		
L'entretien d'évaluation et l'entretien professionnel comportent tous deux des négociations sur les rétributions salariales.		
L'entretien professionnel est légalement obligatoire.		
L'entretien d'évaluation se déroule en 6 phases tactiques.		
L'entretien d'évaluation est formalisé par un contrat d'objectifs signés par le salarié et son supérieur hiérarchique.		
L'entretien d'évaluation permet d'améliorer les résultats d'une équipe.		
L'entretien d'évaluation cible l'analyse des causes et effets des réussites comme des échecs professionnels.		
Une évaluation est objective à 100 %.		
L'entretien mesure la contribution du salarié à la performance de l'entreprise.		
Durant cet entretien, le manager évalue le travail du salarié.		

PARTIE II

PRÉPARER UN ENTRETIEN D'ÉVALUATION

Le manager ou le DRH recherche les écarts entre les objectifs fixés et les résultats effectifs. C'est au terme de cette analyse que le manager peut définir un axe de progrès pour l'année à venir.

Dans cette partie, nous verrons comment le manager :
- rassemble les situations représentatives des objectifs fixés au salarié ;
- analyse l'écart entre résultats attendus et résultats effectifs ;
- ajuste les capacités et compétences individuelles aux performances de l'équipe.

5

Le manager établit un diagnostic et analyse les résultats de l'année écoulée

Le salarié a produit des efforts pour atteindre les objectifs fixés. Ce résultat vaut la peine d'être mesuré, formalisé pour être ensuite mis en adéquation avec les compétences exigées de l'emploi.

LES DOCUMENTS UTILES À UN DIAGNOSTIC

Les résultats de chaque évalué feront l'objet d'une analyse. Le temps consacré à faire ce point évite les dérives lors du déroulement de cet entretien – qui n'a jamais subi ces monologues qui n'en finissent pas et basculent vers on ne sait quel horizon ? Heureusement, managers, vous compilez les sources formelles :

- le document du précédent entretien,
- les historiques de formation,
- les carnets d'acquisition de savoir et de savoir-faire,
- la disponibilité des équipes,
- les aptitudes psychomotrices,
- les objectifs du département et du service du salarié,
- les performances réalisées,
- le plan de formation à trois ans,
- l'actualisation des analyses d'emploi,
- le catalogue des formations,
- la filière professionnelle,
- la mobilité possible,
- l'accord du N+2.

- Concernant l'information du salarié, le manager est tenu :
  - d'expliquer à l'intéressé les objectifs de l'entretien ;
  - de l'aider si nécessaire dans sa préparation ;
  - de fixer les modalités de rencontre (lieu, date, durée) en lui laissant le temps nécessaire à la préparation de l'entretien.

Fort de ces informations, le manager recherche l'écart entre les résultats attendus et les résultats effectifs, puis dégage les causes connues des dysfonctionnements mais aussi celles des réussites de l'évalué.

La mise en évidence des raisons qui ont conditionné la réussite d'un objectif est souvent omise : « *Les résultats sont bons, donc tout va bien.* » La curiosité doit guider la préparation d'un entretien. Certes, le manager dispose de 80 % des informations, mais faut-il encore les formuler « noir sur blanc », disposer de chiffres, d'observations, de constats, d'événements qui seront les témoins de l'exactitude de ces informations.

L'analyse de l'existant repose sur un constat. Ce constat est la somme des informations existantes, disponibles et donc vérifiables. Un constat appartient au passé, et conditionnera une partie des objectifs à fixer pour l'année à venir.

Ainsi cette phase de diagnostic permettra de :
- localiser les 20 % d'informations manquantes à recueillir lors de l'interface ;
- maîtriser son entretien en le fondant sur des faits.

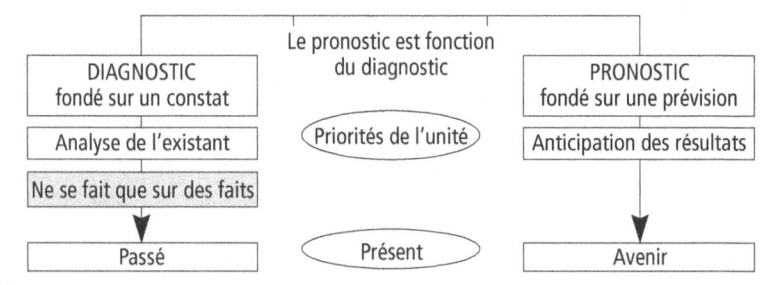

L'analyse des résultats conditionne un nouvel axe de progrès que le manager et le salarié **négocieront lors de l'entretien**.

LES OUTILS D'ANALYSE

Le recueil de faits, rien que des faits

L'analyse des faits se trouve au centre des démarches professionnelles. Un constat reposera toujours sur une analyse des faits. Toute **négociation** repose sur des faits. L'**objectivité** repose sur des faits.

Les faits alimentent le dialogue d'un entretien d'évaluation, la notion de fait s'oppose à la notion d'opinion, voyons les définitions :

Différencier les registres faits/opinions/sentiments

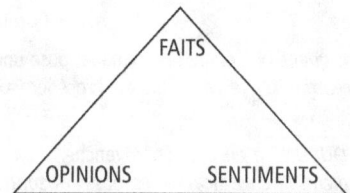

Le **registre des opinions** fait appel à un système de valeurs ou de croyances personnelles. Il est donc discutable car opposable à d'autres croyances. Les opinions produisent soit l'adhésion, soit l'opposition.

> « *On travaille mieux quand on se lève tôt* » est opposable à : « *Moi, je travaille mieux quand je fais une grasse matinée.* » Les deux protagonistes donneront une foison d'arguments valables et la communication piétinera.

Évitons de prendre un tel risque dans un entretien d'évaluation et exprimons des situations observées, observables, reconnues, admises et/ou prouvées.

Le **registre des sentiments** fait appel à un ressenti personnel. Un sentiment ne se raisonne pas, il n'est donc pas discutable (même s'il est opposable).

« *J'aime vraiment bien les éclairs au chocolat* » est un goût personnel qui ne se discute pas. On aime ou on n'aime pas, notre interlocuteur sait aussi que « *le cœur a ses raisons que la raison ne connaît pas* » ! Ce registre est subjectif mais peu opposable.

Le **registre des faits** exprime un état observable, vérifiable, voire quantifiable.

« *J'ai acheté une cafetière chez Brikoltou qui m'a coûté 5 €* » est un fait car cet achat peut aisément se vérifier (lieu et ticket de caisse).

Les faits exprimés sur un ton neutre ou bienveillant invitent à l'échange, à la réflexion et tempèrent les ardeurs.

Exemples	Commentaire
— *Dites moi, M. MARTIN, quelle procédure avez-vous utilisée pour réorganiser le rangement des archives ?*	Le manager pose une question en termes de faits : la procédure existe, elle est **vérifiable**.
— *Ah, justement, Mme DUPONT a eu des indisponibilités qui ont ralenti la classification des dossiers AZERTIRU. Vous avez été au courant de ses problèmes, ça n'a pas été facile pour elle... De plus, ces dossiers-là sont inclassables !*	En revanche, « *ça n'a pas été facile* » et « *les dossiers sont inclassables* » dénotent une opinion indiquée par l'emploi d'adjectifs qualificatifs et d'adverbes. « *Ces dossiers-là sont inclassables* » : c'est bien possible mais qu'est-ce qui les rend inclassables ? L'usure des dossiers ? la nomenclature choisie ? ou une autre cause inédite ?

La confusion fréquente entre le registre des opinions et celui des sentiments

Ne vous en formalisez pas outre mesure. Dans le cadre de l'entretien, le traitement de cette confusion est sans grand intérêt.

Le manager peut exprimer de temps à autre des sentiments, il est humain et peut s'entendre dire : « *Je te sens contrarié en ce moment* », sous-tendant le registre des opinions : « *Je te crois contrarié.* »

Différencier le registre des faits de celui des opinions

Opinion	Fait
« Je crois que tu es fatigué »	« Tu clignes des yeux depuis trente minutes »
Cette phrase exprime une opinion et suppose de nombreuses interprétations. Elle implique l'émetteur de ce message et le positionne dans un registre de valeurs. La notion de fatigue n'est pas obligatoirement la même pour l'émetteur et son récepteur. L'opinion ainsi émise peut provoquer des discussions sans fin sur la fatigue apparente ou réelle de nos interlocuteurs.	Cette phrase constate une situation. Elle ne tire aucune conclusion sur un état personnel.

Ces deux phrases ne produisent pas le même impact sur mon interlocuteur.

Entraînez-vous à différencier les registres fait/opinion/ sentiment ; cet exercice est « incontournable » pour maîtriser un entretien.

Avant d'aborder le contrat d'objectifs, rappelons que la formulation d'un objectif repose **exclusivement** sur le registre des faits.

L'examen des résultats de l'année écoulée

Nous avons vu que le constat se réalise avec un regard factuel, il se prolonge par la recherche des situations marquantes.

Le repérage de situations professionnelles déterminantes

Certaines situations professionnelles sont particulièrement représentatives d'un poste de travail et en déterminent la bonne tenue.

> Le poste de secrétaire médicale a changé ces derniers mois. Un logiciel centralise tous les appels téléphoniques et croise les agendas de tous les médecins du centre. La tenue du standard est modifiée, une saisie informatisée des rendez-vous remplace la saisie manuelle papier/crayon.
> Les secrétaires ont vu leur fonction évoluer, leur entretien d'évaluation approche et le manager souhaite fiabiliser ce nouveau poste.
> Quelles sont donc les situations de travail marquées par des efforts de la part des secrétaires ?
> - situation représentative des nouvelles tâches et marquée par la réussite : la manipulation du nouveau standard est parfaitement intégrée →

aucune réclamation des clients + aucune réclamation des médecins + aucune réclamation des fournisseurs.

- situation représentative des nouvelles tâches et marquée par des difficultés : les temps de saisie sont plus longs qu'à la main → renseignements plus nombreux et maîtrise de la frappe clavier non experte.

Le balisage de ces situations représente une valeur ajoutée à l'entretien, le manager pourra travailler avec les secrétaires à une meilleure maîtrise de l'outil informatique. Sans ces situations repères, l'entretien souffrirait d'un manque de « réalités opportunes ».

Les situations examinées seront encore plus faciles à évaluer si elles ont fait l'objet d'une « transcription en indicateurs de réussite ».

Différencier but, objectif et consigne

Pour analyser le contrat d'objectifs de l'année écoulée, il convient de faire la différence entre un objectif, un but et une consigne.

Si vous mélangez ces trois notions, votre contrat d'objectifs deviendra vite un sympathique charabia pour votre interlocuteur. En effet, fixer un but à la place d'un objectif n'a jamais permis de mesurer quoi que ce soit.

Définitions	Exemples professionnels	Exemples personnels
Le but		
Projection d'un état futur souhaité ou souhaitable qui donne un sens à l'entreprise. Cet état est celui d'un CHANGEMENT (souvent une AMÉLIORATION) par rapport au passé.	L'entreprise a pour but : – d'être leader sur son marché ; – d'augmenter son profit ; – d'améliorer sa productivité.	Je veux maigrir.
L'objectif		
Qu'est-ce qui doit être PRODUIT pour atteindre le but ? L'objectif exprime en termes observables ou mesurables l'état de changement (AMÉLIORATION) pour atteindre le but. Il présente une échéance.	Pendant trois mois, chaque salarié produit 150 cycles au lieu de 120 en faisant n heures supplémentaires.	Perdre 10 kg en douze mois avec le régime « truc ».
La consigne		
Est un mode opératoire, un mode d'emploi qui n'exprime AUCUNE AMÉLIORATION. La consigne peut être un moyen, une ressource pour atteindre l'objectif.	Mettre le thermostat à 150 °C.	Calculer le nombre de calories en pesant les aliments pendant la 1re semaine.

Identifier un objectif

Rappelons ce qu'est un objectif. Un objectif exprime un résultat attendu en vue d'« une amélioration ». Il prévoit les contraintes de calendrier et de ressources tant matérielles qu'humaines et les coûts.

Les objectifs sont :
- Mesurables par 3 éléments :
  - la caractéristique de contrôle (le « quoi ») ;
  - la limite dans le temps (le « quand ») ;
  - la valeur cible (le « combien ») ;

> Pour décembre, réduire le montant des erreurs dans le rendu de la monnaie d'appoint de 70 € mensuels à 10 € ;

- Accessibles : l'amélioration doit être réalisable, c'est-à-dire adaptée à l'environnement et à l'individu ;
- Logiques : les objectifs individuels sont reliés aux objectifs du service et de l'entreprise ;
- Individualisés, c'est-à-dire correspondant à la progression de la performance du salarié ;
- Négociés ;
- Stimulants.

Les objectifs sont… M.A.L.I.N.S. !

Enchaîner les relations causes/effets

L'analyse de l'enchaînement des causes s'avère efficace pour aider à résoudre un dysfonctionnement.

Le diagramme des 5 M – ou diagramme d'Ishikawa – illustre la démarche qui s'appuie sur une recherche visualisée des cinq « pourquoi » (méthode Toyota) ; ces causes sont répertoriées selon cinq types de situations professionnelles.

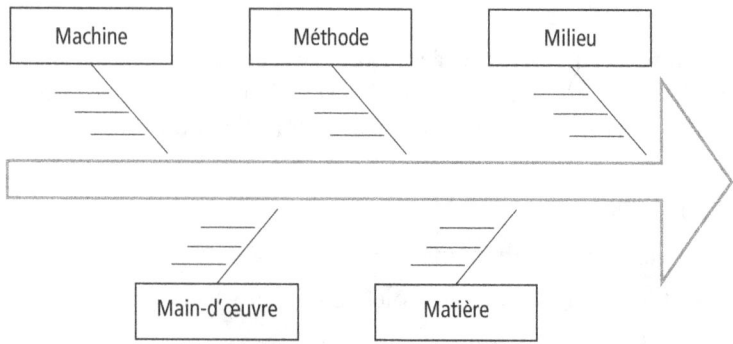

Étapes de construction du diagramme

Étape 1 : déterminer l'effet à observer (dysfonctionnement, erreur, défaut…).

Étape 2 : tracer une flèche de gauche à droite en direction de l'effet.

Étape 3 : décrire les causes potentielles de ce qui est observé.

En voici un exemple : Une entreprise produit des lampadaires électriques ; les retours d'articles défectueux sont de 20 % sur la période de mars à avril. Un court-circuit dans le câblage est à l'origine de ce problème et un manque de contrôle dû à un manque d'effectifs peut expliquer ces lots défectueux. Pour visualiser l'enchaînement des différentes causes relatées, voici un diagramme complété.

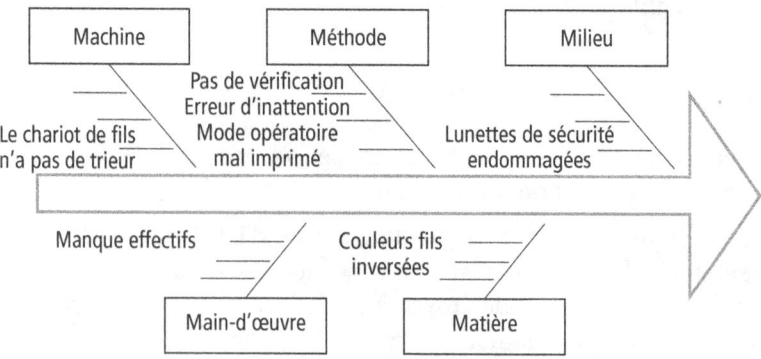

L'analyse menée sur les causes de ce dysfonctionnement doit établir le lien avec le futur :
- quel **enseignement** sera à tirer pour l'avenir ?
- quelles **solutions** seront à trouver pour pallier ce défaut de production ?

Les informations réparties selon le diagramme d'Ishikawa sont des faits et ont l'avantage de clarifier les raisons pour lesquelles le salarié a dérapé et n'a pu atteindre les objectifs qui lui étaient fixés.

Vous constaterez qu'elles draineront des points clés lors de l'interface avec le salarié.

Dans cet exemple, il s'agit d'une analyse concernant l'équipe entière.

Comment mener un entretien individuel en s'appuyant sur des faits collectifs ?

En effet, dans la situation présente, M. Jean Aymar pourra toujours objecter que *« lui a bien effectué le contrôle et que lui a bien soudé les fils selon la procédure »*. Il ne veut pas essuyer les erreurs de l'équipe. Eh bien si, justement ! Dans ce cas précis, la performance passe par l'équipe et l'amélioration se joue également sur l'ensemble des hommes.

L'individualisation de l'entretien portera sur d'autres points comme :
- la régularité des horaires,
- le taux de pannes ou d'arrêts sur la machine ou le poste de travail,
- la recherche de solutions,
- la rapidité d'exécution.

Le diagnostic du manager porte sur **des situations observées** en cours d'année.

Mémo pour le diagnostic préliminaire à l'entretien annuel d'évaluation
POSTE DE TRAVAIL : ....
SERVICE : ....
SALARIÉ : ....
Ancienneté : ....
Date diagnostic : ....
Date entretien annuel : ....

	Capacités	Compétences	Performance
Les situations repères de l'année écoulée	Quelles sont les situations professionnelles incluant des savoirs clés ?	– Quelles sont les situations professionnelles incluant la recherche de solutions viables sur des opérations clés du poste de travail ? – Quelles situations comportant une prise d'initiative n'ont pas engendré d'erreurs fatales ?	Quelles situations professionnelles présentant des **solutions** ont apporté un **gain** pour le Service ou pour l'équipe ?
Les moyens alloués au salarié évalué	– De quelles actions formatrices le salarié a-t-il bénéficié (formation, tutorat, alternance, parrainage, compagnonnage, etc.) ? – La formation a-t-elle été en adéquation avec la tenue du poste ? – La formation améliore-t-elle les capacités nécessaires à l'exécution des tâches ? – Le matériel utilisé sur le poste de travail est-il opérationnel ?	– Les objectifs ont-ils été compris, quantifiés et acceptés ? – Les objectifs comportaient-ils les moyens utiles à leur réalisation ? – La formation a-t-elle été subie ou ajustée à un besoin personnel ? – Le suivi avec le supérieur hiérarchique a-t-il été respecté ?	– Les orientations de l'entreprise ont-elles été clairement définies et diffusées ? – Le partage d'informations ou de charges de travail a-t-il permis d'atteindre les résultats attendus ? La formation a-t-elle été appliquée et ajustée aux exigences de l'emploi ?
Les documents essentiels à ne pas oublier	Le salarié évalué a-t-il bénéficié : – d'un DIF (droit individuel à la formation loi de réforme de la formation professionnelle) ou CIF (congé de formation individuelle) ? – d'une VAE (validation des acquis et de l'expérience) ?		
	– La définition du poste ou de l'emploi. – La liste des formations réalisées. – Les résultats des objectifs permanents.	La définition de la fonction. Les projets. Les résultats des objectifs opérationnels.	Les résultats des objectifs de performance de l'année écoulée. Les axes de développement de l'entreprise.

Le manager peut maintenant établir les écarts entre les résultats attendus et les résultats effectifs. L'évaluation de cet écart permet de projeter le nouvel axe de progrès pour son collaborateur.

Le manager établit un pronostic : il anticipe et décrit les améliorations potentielles.

Que va-t-il envisager pour son équipier :
- une promotion ?
- une mission transverse ?
- une polyvalence ?
- une nouvelle exigence de savoirs ?
- une implication plus soutenue ?

Dans le tableau suivant, distinguez les phrases qui décrivent un objectif, un but ou une consigne.

Consignes	Objectifs	Buts
1. Vous programmerez les 8 réunions du service des deux prochains mois, avec l'aide de monsieur… et avant le 10 de ce mois.		
2. Vous formulerez les objectifs par écrit.		
3. Améliorer votre communication.		
4. Rechercher dans une encyclopédie les noms des 3 maréchaux de Napoléon.		
5. Améliorer la production d'ici à septembre.		
6. Vous veillerez au respect des horaires.		
7. Tourner la molette sur l'encoche gravée à 150°.		
8. Porter la température à 320 °C pendant trente minutes.		
9. Distrayez votre neveu.		

6

Le manager établit son pronostic et définit les objectifs à venir

Vous avez rassemblé les informations et vous avez une vue globale de l'activité du salarié sur la période écoulée.

La structure du prochain entretien prend tournure. Les axes de développement de l'entreprise sont connus et les priorités de l'unité sont définies. Il est temps de se tourner vers l'avenir et de passer de l'étape diagnostic à celle de l'anticipation.

- Comment inscrire les capacités et compétences du salarié dans le développement de l'unité
- Sur quels résultats s'appuyer pour définir les axes de développement du salarié ?

Prévoir de nouveaux objectifs pour le salarié, c'est aussi prendre un risque. Mais un risque est limité s'il s'appuie sur une analyse doublée d'un plan d'action progressif pour le salarié.

Pour rendre cette progression viable, il est conseillé de détailler ce plan d'action par un contrat d'objectifs (voir page suivante).

L'entretien d'évaluation est donc la résultante de cette démarche ; il est donc impératif qu'il soit représentatif d'une déclinaison d'objectifs cohérents.

Le processus d'une appréciation croise différents types d'objectifs dont vous retrouverez les définitions dans les pages suivantes.

62 Préparer un entretien d'évaluation

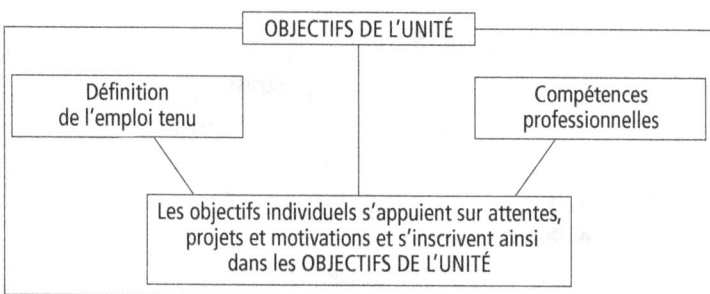

LES TYPES D'OBJECTIFS

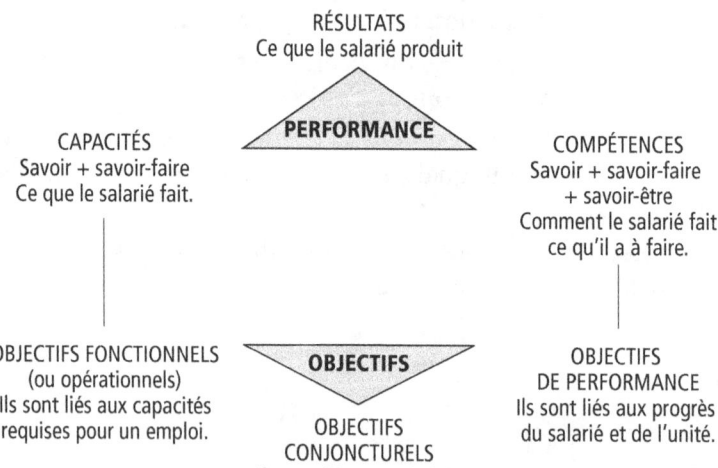

La déclinaison de différents types d'objectifs donne au salarié une vision élargie de son travail.

Un objectif fonctionnel ou opérationnel (dit aussi permanent)

Cet objectif est directement lié à la définition du poste. Il décrit ce que le salarié est tenu de faire.

> Pour une secrétaire, prendre le nom de chaque personne qui téléphone.

Un objectif de performance ou de progrès

Cet objectif améliore la production et la rentabilité du service, de l'entreprise. Il se décline jusqu'à l'individu qui améliore ce qu'il produit.

> Réduire le nombre de rebuts de 120 à 100 (soit une progression de qualité de n %) sur l'année.

Un objectif conjoncturel

Cet objectif est celui qui permet à l'entreprise d'évoluer en fonction du marché économique, de l'environnement… Cet objectif exprime les actions prioritaires définies par la direction de l'entreprise.

> Développer la maîtrise de l'anglais dans tous les services commerciaux et de communication, et ce d'ici à 2012.

Il faut préciser que les objectifs dits « permanents » ou « fonctionnels » seront peu négociables et parfois reconduits d'office en cas d'actualisation de l'emploi.

Attention, les progrès fournis par le salarié évalué n'entrent pas systématiquement dans la catégorie « objectif de progrès ». Ceux-ci reposent sur les **compétences** liées à l'emploi, alors que les objectifs permanents émanent des **capacités** liées à un emploi.

Rappelons que le contrat négocié lors de l'entretien d'évaluation n'est que la déclinaison terminale d'une stratégie d'entreprise.

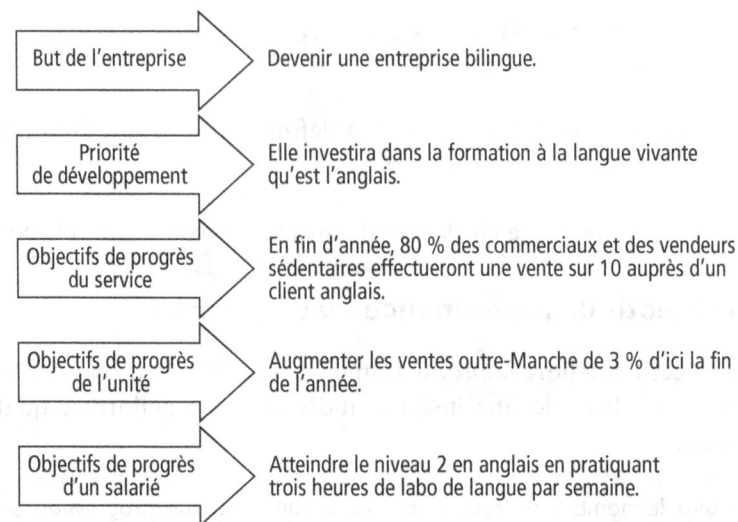

L'entretien d'évaluation a pour objectif de négocier un progrès ou une performance avec le salarié ; ce développement fera l'objet d'un contrat d'objectifs.

La grille suivante synthétise les deux parties constituant la préparation d'un entretien d'évaluation :
- l'analyse des causes (diagnostic) ;
- la définition d'un axe de progrès (pronostic).

	ANALYSE			ANTICIPATION
1. Définition de l'emploi	2. Objectifs permanents	3. Objectifs de performance	4. Objectifs de l'unité	5. Axes de progrès individuels de M. …

DES INDICATEURS POUR FIXER DE NOUVEAUX CONTRATS D'OBJECTIFS

Le manager, soucieux de faire évoluer son collaborateur, prévoit de nouveaux objectifs qui se rapporteront à l'incontournable rapport coût/délais/qualité.

Quelques indicateurs permettront de quantifier des pistes de réflexions :

- délais de traitements des commandes, livraisons, réclamations ;
- coût des défaillances internes ;
- nombre de pannes, de défaillances dues à une mauvaise utilisation ;
- délais de prise en compte des réclamations internes et externes ;
- délais de réponse aux demandes ;
- nombre de procédures actualisées, formalisées. ;
- délais moyens des décisions ;
- nombre de solutions émises/nombre de réussites ou nombre échecs ;
- fréquence et gravité des incidents et accidents du travail ;
- nombre d'objectifs fixés/nombre d'objectifs non ajustés.

Entraînez-vous à décliner les objectifs de performance en objectifs opérationnels en remplissant le tableau suivant.

Objectifs de performance	Objectifs opérationnels
Exemple : en un an, il faut augmenter de 5 % les actions correctives dans le service en pratiquant des moyens tels que : – réunion de travail, – répertoire formalisé des dysfonctionnements, – formation qualité.	

7

Le salarié fait le point sur les résultats de l'année écoulée

Managers, DRH, si vous souhaitez un entretien qui porte ses fruits, il est nécessaire, voire indispensable, de faire réfléchir votre collaborateur sur les questions que vous lui poserez.

Insistez sur le fait que cette étape est aussi indispensable que celle de l'entretien lui-même et que, comme toute réunion ou tout entretien d'une autre nature, cette rencontre doit être préparée.

Salariés, vous souhaitez réussir votre entretien d'évaluation, analysez les documents suivants – qui doivent vous être fournis au minimum quinze jours avant l'entretien annuel d'évaluation :

- la grille de compétences ;
- la définition de poste ou la fiche de fonction vous concernant.

Par ailleurs, prenez le temps de mener une auto-évaluation à l'aide du questionnaire ci- après. Votre auto-évaluation portera sur la recherche de vos réussites, rendez-les recevables en les reliant aux objectifs fixés.

Expliquez vos échecs en objectivant les difficultés rencontrées et, pour aller plus loin, déterminez les moyens pour pallier ces échecs. Inutile de vous perdre en excuses. Votre supérieur hiérarchique attend de vous une explication simple, vraie, argumentée par des faits, des chiffres, des situations vécues.

N'oubliez pas d'exprimer vos aspirations qui seront preuve de votre implication personnelle. Abordez votre avenir professionnel avec confiance et condamnez toute attitude arrogante ou rigide.

Participez au dialogue par un apport constructif que seule une préparation active peut conditionner.

Enfin, pour être en phase avec votre supérieur hiérarchique : écoutez, notez, et répondez au lieu de bavarder, de couper la parole et de réciter vos notes.

LA GRILLE D'AUTO-ÉVALUATION

Pour vous faciliter la tâche, voici une grille d'auto-évaluation à remplir avant l'entretien d'évaluation.

L'accomplissement des tâches

	Oui	Non
Est-ce que je connais les tâches prioritaires de mon travail ?		
Est-ce que les objectifs opérationnels ont été formulés ?		
Est-ce que les objectifs de la période écoulée ont été négociés ?		
Est-ce que je connais les procédures et instructions se référant à mon poste de travail ou à ma fonction ?		
Est-ce que je les applique ?		
Est-ce que je connais les consignes de sécurité relatives à mon travail ?		
Est-ce que je les applique ?		
Est-ce que la formation reçue me permet d'assurer les objectifs définis dans mon contrat ?		
Est-ce que je dispose de moyens me permettant d'assurer ces objectifs ?		
Quelles sont les difficultés rencontrées dans l'exercice de mon emploi ?		
Quels sont les points qui m'ont permis de réussir les tâches ou missions confiées ?		
Est-ce que l'emploi que j'occupe convient à mes capacités ?		
Quelles sont les tâches que j'aime réaliser ? pourquoi ?		
Quelles sont les tâches qui me semblent rébarbatives ? pourquoi ?		
Quelles sont les tâches qui me demandent le plus d'efforts, de concentration ?		

La participation à l'amélioration de la performance d'équipe

	Oui	Non
Est-ce que je connais les objectifs de mon service ?		
Est-ce que je connais les tenants et les aboutissants de mon travail ?		
Est-ce que je fais des suggestions pour améliorer mon emploi ?		
Est-ce que je me sens intégré dans mon équipe ?		
Est-ce que je m'informe ?		
De quelles informations ai-je besoin pour mener à bien mon travail ?		
Est-ce que je transmets les informations nécessaires aux autres équipiers ?		
Est-ce que j'anticipe les incidents ou accidents ?		

La participation à la progression individuelle

	Oui	Non
Me suis-je défini des nouvelles performances ou de nouveaux défis personnels ?		
Quelle est l'évolution de carrière envisagée ?		
Quelles sont les nouvelles activités incluses dans mon emploi ?		
Est-ce que de nouvelles tâches sont prévues dans mon emploi ?		
Si oui lesquelles ?		
Quelles sont les activités ou tâches que je souhaiterais mener différemment ? Comment et avec quelles ressources ?		
Est-ce que mon évolution est prioritaire dans mon emploi actuel ?		
Est-ce que j'ai besoin de formations pour atteindre mes nouveaux objectifs ?		
Si oui dans quels domaines ? – Technique ? autres ? .... – Actualisation des connaissances nécessaires à mon emploi ?		

.../...

	Oui	Non
Puis-je envisager une progression, une promotion ?		
Hors de mon emploi actuel ?		
Hors de mon équipe ?		
Hors du service ?		
Hors du département ?		
Hors de mon entreprise, organisme ?		
Est-ce que mon manager effectue des activités que je saurais également faire ?		

LA RECHERCHE DE SITUATIONS SIGNIFICATIVES

Ne vous noyez pas dans les détails et soulignez les éléments les plus révélateurs de votre travail.

En effet, les salariés rodés à la négociation savent que rien ne vaut l'argumentation par la situation vécue. Faut-il encore qu'elle comporte des preuves ou des éléments connus et reconnus par l'auditoire. Si votre exposé déborde de détails pittoresques quant à vos déboires, votre supérieur hiérarchique risque de manifester quelque impatience !

Une situation dite « significative » se rapporte aux objectifs fixés et présente :

- des dysfonctionnements vérifiés,
- des solutions émises et reconnues comme ayant été apportées par vous-même,
- des réussites ou des échecs analysés,
- des chiffres exacts,
- des dates précises,
- des délais justifiés,

- des informations validées,
- des procédures connues.

Autant de faits qui constituent des éléments dits « recevables » parce que contrôlables.

Vous pouvez aussi présenter les applications des formations reçues. Ce type de retour sur l'investissement réalisé par l'entreprise sonne juste.

Salarié(e)s, à vos calepins !

Votre mémoire des faits ne peut s'étirer à volonté sur une année durant. Il vous faudra donc prendre l'habitude de noter les situations vécues pouvant vous servir dans le cadre d'une évaluation.

Peu de salariés pensent à cet exercice dont l'investissement s'avère cependant rentable.

N'oubliez pas que l'entretien d'évaluation favorise un échange « égalitaire autorisé » avec la hiérarchie. Vous aurez l'opportunité de négocier des enjeux communs en vous appuyant sur des arguments raisonnés et raisonnables.

Éloignez-vous des sentiers battus et des objectifs standards en faisant progresser l'entretien vers des objectifs ajustés à votre profil de compétences. Bref, faites-vous confectionner un vêtement sur mesure, c'est tellement plus confortable !

1 Objectifs prioritaires pour l'unité de travail	2 Constat de l'écart entre objectifs prévus et objectifs réalisés par l'équipier		3 Fixation de nouveaux objectifs
Liste formalisée	Cause de l'écart connue Cause de l'écart non connue	Mesure du prochain effort à fournir Objet de découverte en phase 2 de l'entretien	Évaluer les moyens compatibles avec la demande de nouvelles contributions.

*Mémo pour la préparation
de l'entretien annuel d'évaluation :*

Procédure détaillée	Finalité	Prérequis	Points clés
Phase 1 : les caractéristiques de l'entretien annuel d'évaluation			
Phase 2 : collecte et analyse de données			
Collecte des données nécessaires : – document du précédent entretien ; – historiques de formation ; – carnets d'acquisition de savoir et savoir-faire ; – disponibilité des équipes ; – aptitudes psychomotrices ; – objectifs du département et du service du salarié ; – performances réalisées ; – plan de formation à trois ans ; – actualisation des analyses d'emploi ; – catalogue des formations ; – filière professionnelle ; – mobilité possible ; – accord du N+2.	**Anticiper les résultats en fonction des priorités du service** Le manager collecte les 80 % des informations nécessaires à son évaluation. Les 20 % restants sont collectées pendant l'entretien.	– Caractéristiques d'un objectif. – Différence entre capacité et compétence. – Typologie des objectifs.	– Différencier entre objectif, but et consigne. – Déterminer une cause de dysfonctionnement et/ou de réussite.
Phase 3 : information du salarié			
Expliquer à l'intéressé les objectifs de l'entretien. L'aider si nécessaire dans sa préparation. Fixer les modalités de rencontre (lieu, date, durée) en lui laissant le temps pour préparer l'entretien.	**Impliquer le salarié.**	Connaissance du guide de l'évalué.	

PARTIE III

CONDUIRE UN ENTRETIEN D'ÉVALUATION

Dans cette partie, nous verrons comment le manager :
- écoute le salarié,
- facilite l'expression du salarié,
- centre le dialogue sur des faits,
- recherche avec le salarié la cause de certains écarts entre les objectifs fixés et les objectifs atteints.

6. Formalisation
et conclusion

1. Ouverture

2. Le salarié fait
son bilan

5. Négociation
des objectifs

3. Le manager évalue
le salarié

4. Le salarié exprime
ses souhaits

8
Phase 1 : le manager accueille le salarié

LA RELATION DE CONFIANCE

Pour faire un bon accueil, un chef de service avait pris pour habitude d'offrir un cigare au salarié évalué. L'effet escompté était nul et l'ensemble des salariés critiquait ce geste.

Pour quelle raison ? Parce que cette faveur n'était accordée que pour l'entretien, le rendant ainsi plus solennel que détendu. Après quelque temps, un message codé avait fait son apparition dans l'entreprise : « *Je suis allé fumer un cigare* » signifiait : « *Je n'ai rien obtenu d'autre que le cigare* »…

L'ouverture de l'entretien comporte un « accueil » ; ce terme prête souvent à confusion.

Tout d'abord, la notion d'accueil n'est pas à confondre avec celle de « réception ». L'« accueil », c'est créer une sécurité et laisser à son interlocuteur le temps de trouver ses repères.

Il n'est pas question pour le manager de jouer un rôle de composition pour accueillir le salarié, mais de réunir les conditions nécessaires à la communication. Le salarié est hors de son territoire, le manager est sur le sien. Ce dernier prend donc la parole pour laisser au salarié le temps de s'adapter à son espace de communication tant physique que psychologique.

Si, d'entrée, le manager néglige le fait d'être disponible et réceptif, il réduit les chances d'être écouté. L'accueil est matérialisé par une situation concrète dans laquelle deux personnes sont présentes dans le même espace pour négocier un progrès. Un minimum de convivialité rendra cet espace supportable.

L'entretien d'évaluation, c'est **un temps de parole réparti** entre le manager et le salarié : 70 % pour l'évalué et 30 % pour le manager.

L'AIRE DE COMMUNICATION

Les attitudes

Attention : **nos attitudes créent un effet de miroir chez notre interlocuteur.**

Notre cerveau inconscient (le tronc cérébral ou mésencéphale) perçoit le langage gestuel de notre interlocuteur ; c'est parfois ce qui nous fait dire à l'issue d'une rencontre : « *Je ne sais pas pourquoi, mais je sens bien que quelque chose cloche…* » ou encore : « *Je suis certain que ça marche, mais ne me demandez pas pourquoi…* »

Quelques principes de gestuelles

Préférez des gestes dont les formes sont courbes et évitez les gestes saccadés et agressifs ; votre interlocuteur sera plus à l'aise.

Quelques principes de gestuelle

	Angles des bras et jambes formant un « z » Le manager montre à la fois de « l'ouverture » dans la communication ; il offre son thorax sans défense. En revanche, il est en protection et refuse les idées n'allant pas dans son sens… jambe en barrière.
	Les bras croisés = protectionnisme Ce n'est certes pas cette attitude qui rendra disert en timide !
	La main devant la bouche = je m'empêche de dire ce que j'ai en tête. (*Les raisons en sont probablement justifiées*) mais, en entretien, évitez ce genre d'auto-contact, une fois ça passe, mais ce geste permanent devient source de mutisme ou de méfiance chez notre interlocuteur.
	Angle formé par la jambe = protection Mains accorchées à la jambe = anti-négociation

Dans cette phase de prise de contact, le collaborateur a besoin de repères, d'assurance. Le manager évitera donc les gestes agressifs et lui donnera des signes de reconnaissance (par exemple, il lui tendra la main, l'appellera par son prénom si cela fait partie des habitudes). Si le manager endosse un rôle, allant ainsi à l'encontre de son authenticité, il va également à l'encontre de tout dialogue.

L'organisation de l'espace

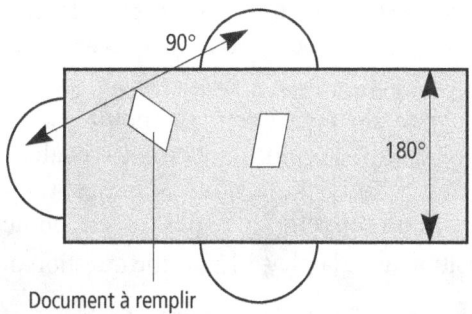

Un espace accueillant situe les interlocuteurs à 90 ° et non à 180° l'un de l'autre. Le 180 ° est une position d'**opposition**, alors que le 90 ° est une position de **négociation**, de **concertation** ou de **collaboration**.

Quand on travaille ensemble à un projet, on choisit naturellement le 90 ° par commodité.

Remplir un document d'évaluation se fait aussi à 90 ° en position de concertation et non d'opposition.

La crédibilité passe aussi par la gestion de l'espace : le manager est **matériellement** disposé à **dialoguer** et le prouve dès l'entrée.

Manager et salarié consultent les documents **en même temps**, ce qui les place sur un pied d'**égalité** (*les présidents qui signent des traités « sont en 0 degré » côte à côte : en situation de collaboration totale*).

Les cinq points de l'accueil

- Formuler une phrase d'accueil : « *Vous êtes à l'heure, c'est parfait* » ou : « *Bonjour Félix, justement, je lisais votre dernier compte rendu.* »
- Rappeler l'objectif de la rencontre et cadrer celle-ci dans le fonctionnement de l'unité : l'entretien ne doit pas être perçu comme une obligation, mais comme la recherche d'améliorations profitables aux deux parties.
- Vérifier que l'équipier est prêt à participer ; inutile de chercher à négocier avec quelqu'un qui n'aura pas défini ses souhaits. Certaines entreprises procurent à leurs salariés des guides de préparation.
- Présenter le plan de l'entretien. Ce point est essentiel car il donne des repères à l'évalué et permet d'évaluer la durée de l'entretien. N'oublions pas : nous sommes toujours dans la phase d'accueil, on rappelle les règles du jeu, on ne négocie pas.
- Faire la transition avec la phase 1 par une question ouverte neutre.

LA TRANSITION DE LA PHASE 1 À LA PHASE 2

Le questionnement et la reformulation servent à distribuer la parole mais également à reprendre la conduite de l'entretien avec élégance.

Ce mode de transition respecte l'expression verbale de l'interlocuteur tout en lui signalant que le moment est venu de passer à un autre sujet.

```
PHASE 1
OUVERTURE DE L'ENTRETIEN
90 % du temps de parole
pour le manager          Transition 1 à 2
                                =
                          question ouverte
                               neutre         PHASE 2
                                          LE SALARIÉ FAIT SON BILAN
                                       70 % du temps de parole pour le salarié
                                       30 % du temps de parole pour le manager
```

9

Phase 2 : le salarié fait lui-même son bilan

Depuis le début de l'entretien, le salarié s'est encore très peu exprimé. La phase 2 est celle où le manager lui donne la parole.

Avantages de cette phase 2	
pour le salarié	pour le manager
– Valorisation de son travail – Expression de ses ressentis – Possibilité d'argumentation – Reconnaissance de son individualité	– Compréhension de la cause de certains écarts – Connaissance de solutions appliquées par le salarié – Préparation d'un terrain d'entente reposant sur des faits (phase 5) – Vérification de la logique du salarié
Risques de cette phase 2	
pour le salarié	pour le manager
– Une absence de coopération ou de participation	– Une perte de source d'informations – Une perte de contact avec le terrain

Durant cette phase, le manager limite volontairement sa production verbale. Il demande au salarié d'expliquer la cause de problèmes **constatés** ou les raisons de ses réussites.

Même si le manager connaît les principales causes de ces écarts, il est impératif que le salarié les exprime lui-même : il apportera peut-être des compléments d'information ou exposera des solutions jusqu'alors ignorées.

En outre, les explications du salarié deviendront des appuis pour le manager lors de son évaluation ou de sa négociation (phases 3 et 5). Enfin, le salarié parle de son quotidien, des problèmes rencontrés.

Le laisser s'exprimer, c'est reconnaître son « utilité ».

Le rôle du manager est d'aider le salarié à :
- présenter les résultats de son travail ;
- expliquer les causes des écarts avec les objectifs de l'année écoulée.

LE MANAGER AIDE LE SALARIÉ À PRÉSENTER SON BILAN

Le manager dispose de plusieurs outils pour aider le salarié à dresser un bilan de l'année écoulée.

L'écoute active

L'écoute active commence par une prise de **notes** qui s'avérera fort utile pour individualiser les objectifs.

Cette prise de notes permet de reformuler le contenu des messages. Qu'est-ce que la reformulation ? C'est résumer et non répéter les faits, les opinions ou sentiments de notre interlocuteur sans en altérer le sens. La reformulation est :
- un **outil d'écoute** qui encourage la parole et la met en valeur ;
- un **outil de contrôle** qui permet de vérifier l'information reçue.

Reformuler permet de vérifier la compréhension du message, d'assurer la clarification nécessaire à toute communication d'ordre professionnel. C'est aussi un moyen « d'accuser réception » d'un message et d'encourager le collaborateur à poursuivre son exposé (mon responsable me comprend bien = je m'exprime bien = je me sens bien = j'ai envie de continuer).

Enfin, la reformulation, comme la prise de notes, concourt à une « formalisation » du message.

La phase 2 de l'entretien est un moment privilégié pour le salarié. La qualité de l'écoute du manager est essentielle, elle diminue les distorsions de la communication. Ces distorsions se nomment « filtres ».

Le questionnaire de Porter met en évidence les filtres qui perturbent l'écoute et provoquent une déperdition lors de la restitution du message.

Ce que l'émetteur veut dire	100 % du message
Ce qu'il dit effectivement	80 %
Ce que le récepteur entend	70 %
Ce que le récepteur comprend	50 %
Ce que le récepteur peut retransmettre	20 %

1. ÉVALUATION	Fait référence à des normes ou des valeurs personnelles, la réponse se fait par un conseil, un avis, une mise en garde, une approbation ou désapprobation. EFFETS sur notre interlocuteur : il se sent jugé, culpabilisé ou infériorisé.
2. INTERPRÉTATION	C'est une réponse orientée, une extrapolation du message initial. EFFETS sur notre interlocuteur : il ne reconnaît pas la teneur de son message et il en est irrité.
3. SOUTIEN	Surnommé le filtre « papa et maman poule ». Les situations difficiles sont minimisées et sous-tendent que la personne n'est pas capable de les affronter. EFFET : l'interlocuteur se sent pris en pitié ou considéré comme inapte. Renforce les états dépressifs.
4. INVESTIGATION	La réponse se fait par un questionnement sur un point de détail choisi par rapport à un système de valeurs personnel. EFFETS : déclencheur d'agressivité, l'interlocuteur pense qu'il s'est mal exprimé ou qu'il est manipulé ou qu'il est l'objet de curiosité.
5. SOLUTION IMMÉDIATE	Surnommée le « YAKA, TAKA, YAPUKA, IFOKON » la réponse est celle d'une solution immédiate ressortant de son propre système de valeurs. EFFETS : l'interlocuteur pense qu'il n'est pas bien intéressant, on résout un problème en 30 secondes alors que lui cherche une solution depuis si longtemps ! Il peut se sentir ridicule ou vexé. De plus la solution lui convient rarement (il l'a déjà trouvée et écartée).
6. REFORMULATION OU REFLET D'ÉCOUTE	EFFETS : compréhension, reconnaissance de l'identité d'autrui. MAIS ATTENTION, NE PAS EN ABUSER (car la non-implication peut à la longue provoquer de la frustration).

Deux types de reformulations sont utilisés pour l'entretien d'évaluation : la reformulation reflet et la reformulation clarification.

	Reformulation reflet	Reformulation clarification
Définition	Elle reprend la totalité du message avec d'autres mots que ceux de l'interlocuteur. La reformulation n'enlève aucun élément du message initial.	Résumé = analyse de l'essentiel du message initial sans en altérer le sens.
Exemples	Je suis fatigué, je n'en peux plus. R = Ainsi vous vous sentez à bout.	Au travail, on ne tient pas compte de mon avis parce que je suis une femme parmi 3 hommes. R= dans votre travail le fait d'être une femme vous donne le sentiment d'être à l'écart.

N'oubliez pas les phrases d'introduction de la reformulation : « En résumé... », « Selon vous... », « Si j'ai bien compris... », « Vous disiez... », etc.

Le questionnement factuel

Le questionnement factuel repose sur des questions ouvertes neutres commençant par « **en quoi** » ou « **qu'est-ce que** ».

Le questionnement factuel est ainsi nommé parce qu'il **centre** l'interlocuteur sur des **faits**. Ce type de questionnement évite les conflits d'opinions, neutralise les dérives et transforme des objections en informations.

L'affirmation suivante : « *Mon objectif était d'augmenter de 10 % le nombre de mes clients, mais c'était réellement impossible* » va ouvrir un dialogue qui sera fonction du type de questionnement appliqué.
L'adverbe « impossible » exprime une opinion ; la notion d'impossibilité est différente pour chacun d'entre nous, il est donc nécessaire de faire définir ce que recouvre cette impossibilité pour mon interlocuteur ; le réflexe le plus courant du manager sera de poser une question **non** factuelle qui enclenchera une série d'autres questions ou déclenchera des objections. En revanche, si le manager s'oblige à poser des questions factuelles, il constatera que son interlocuteur argumente spontanément

en illustrant ses réponses par des situations vécues. Ainsi, en une seule question, le manager aura recueilli des informations sans obliger son interlocuteur à se justifier.

	Questionnement non factuel	Questionnement factuel
	C'était vraiment impossible ?	En quoi était-ce impossible ? ou Qu'est-ce qui rendait cette mission impossible ?
Réponses possibles	Parce que le marché était en crise. ou Vous augmentez sans cesse mes objectifs et là je ne pouvais pas faire mieux.	Mon territoire était trop petit et je ne pouvais pas gagner 10 % dessus. ou Vous oubliez que j'étais en CIF !
Commentaires	Ce type de réponses occasionne d'autres questions ou des divergences de vues qui, multipliées, réduiront le dialogue à une altercation.	Le « quoi » ouvre le dialogue sur une situation concrète, croisant les explications de nos deux interlocuteurs.

On traite des affirmations floues par des questions factuelles

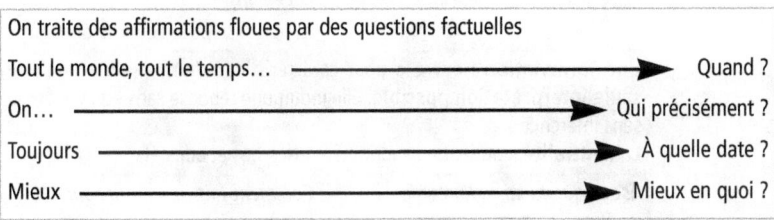

Le questionnement factuel sert à transformer une opinion en une information vérifiable sans manipulation, sans inférences, sans interrogatoire.

Il est temps de présenter les autres types de questions qui influent sur un dialogue.

Questionner sans mener un interrogatoire

Une succession de questions fermées provoque un effet d'interrogatoire. Elle finit par lasser ou bloquer l'interlocuteur.

Une succession de questions ouvertes entraîne une dérive vers des hors-sujets.

Les questions orientées suscitent la méfiance et génèrent des réponses « faussées ».

Le réflexe humain est de poser des questions fermées orientées du genre : « *Est-ce que vous êtes sûr de ça ?* » ou : « *Elle est bien, la nouvelle machine ?* ».

Alternez vos types de questions et, surtout, **évitez** les questions orientées.

Le tableau suivant éclaire sur la structure de ces questions.

	Question fermée	Question ouverte
Défini-tions et structure	La structure de la question fermée entraîne une **réponse binaire** : oui ou non. Elle commence par : – *Est-ce que...* – *Y a-t-il...* Elle s'utilise pour limiter le débit verbal.	La structure de la question ouverte entraîne une **diversité de réponses.** Elle commence par : – *Qu'est-ce que...* – *Comment...* – *Pourquoi...* – *Quand...* Elle s'utilise pour ouvrir le dialogue.
NEUTRE	Une **formulation neutre** a pour caractéristique de ne produire qu'**une seule interprétation possible.** Elle induit une réponse sans équivoque ou sans inférence. **La neutralité** s'obtient en supprimant adverbes et adjectifs	
Exemples	*Est-ce que tu vas à la réunion ?* → Question fermée neutre. Attention : certaines questions ne commencent pas par « *Est-ce que* » et « *y a-t-il* » mais sous-entendent cette structure : « *Aimes-tu ce type de pointeuse ?* » = « *Est-ce que tu aimes ce type de pointeuse ?* »	*Comment fais-tu pour lire sur cet écran ?* → Question ouverte neutre. Aucun adjectif, aucun adverbe ne témoigne d'un positionnement personnel. D'ailleurs, ne dit-on pas d'un adjectif qu'il est qualificatif ?
ORIENTÉE	Une formulation orientée a pour caractéristique de produire **plusieurs interprétations possibles.** Elle peut induire une réponse ambiguë, ou une réponse épousant la volonté de l'émetteur. L'orientation s'obtient en introduisant des adverbes et adjectifs dans la question.	

.../...

	Question fermée	Question ouverte
Exemples	Est-ce que tu vas toujours à cette réunion ? → Question fermée orientée. Y a-t-il vraiment des fleurs sur ton bureau ? → Question fermée orientée : l'adverbe imprime une opinion, un jugement de l'émetteur (une remise en cause, un doute sont sous-entendus).	Comment fais-tu pour lire aussi facilement sur un écran aussi agressif ? → Question ouverte orientée. Deux opinions sont émises et orientent la réponse. « Aussi agressif » : l'émetteur du message pense que l'écran est agressif = opinion. Le récepteur du message adhère ou contrecarre cette affirmation.
	(Est-ce que) Tu ne travailles pas bien avec nous ? L'interlocuteur se dit qu'il vaut mieux être d'accord avec son interlocuteur !	Pourquoi est-il bizarre ? → question orientée. L'opinion est indiquée dans la question par l'adjectif « bizarre » ; l'émetteur de cette question juge l'autre bizarre. Est-ce une projection ou une réalité ? Le qualificatif incite à se rallier à la perception de l'émetteur.

Les outils du manager

	Définitions	Effets	Témoins de réussite
L'écoute active	Comprendre le message de l'émetteur et se taire	L'interlocuteur se sent accepté.	Le seul indicateur qui permet de vérifier l'écoute est la reformulation
La reformulation	Résumer et non répéter les opinions faits ou sentiments de l'émetteur sans en altérer le sens.	– Preuve de compréhension – Clarification des propos – Prise de conscience de la valeur d'un message	Accord de son interlocuteur
La question neutre	Formuler une interrogation ouverte ou fermée neutre. (Toute question orientée diminue l'exactitude d'une réponse.)	– Preuve d'intérêt – Aide à la réflexion	Participation de l'interlocuteur par des réponses significatives

../...

	Définitions	Effets	Témoins de réussite
FACILITER c'est aussi RECENTRER LE DIALOGUE pour qu'il SOIT PRODUCTIF			
La question ponctuelle	Poser une question qui induit une réponse en termes de fait et non d'opinion ou de sentiments	– Aide à la précision	Obtention d'informations vérifiables

DÉFINIR LES CAUSES DES RÉUSSITES ET DES DYSFONCTIONNEMENTS

Le salarié gagne à présenter les causes et les effets des dysfonctionnements rencontrés au cours de l'année. Il présente les situations « significatives » relevées lors de la préparation et ne doit pas faire l'impasse sur l'analyse de ses réussites.

Le manager a pour rôle de faciliter l'intervention de son salarié.

Le manager part du **constat du salarié** pour retrouver une cause initiale.

Un pignon d'entraînement est cassé sur la machine TZ23. Le pignon est remplacé. Pendant la réparation, la machine est à l'arrêt. Cette cassure s'est produite dix fois.

Le salarié explique pendant l'entretien que cette cassure est la cause de sa baisse de production. Une production qui, de ce fait, présente un écart de x points entre le résultat attendu et l'objectif fixé.

Il précise aussi que cette machine ne l'avantage pas alors que la TK26 n'est jamais en panne.

Cause ③ Qu'est-ce qui a provoqué cet événement ?
Une insuffisance de maintenance

Effet ② Que s'est-il passé ?
La machine est tombée 10 fois en panne, on a changé ses pignons = arrêt machine

Problème ① Écart entre objectif et résultat
La production a diminué de…

Faire expliquer la cause d'un écart entre un objectif et son résultat permet de définir une **évolution possible** et de prévoir de **nouveaux objectifs**.

IDENTIFIER ET COMPRENDRE LES RÉACTIONS DU SALARIÉ

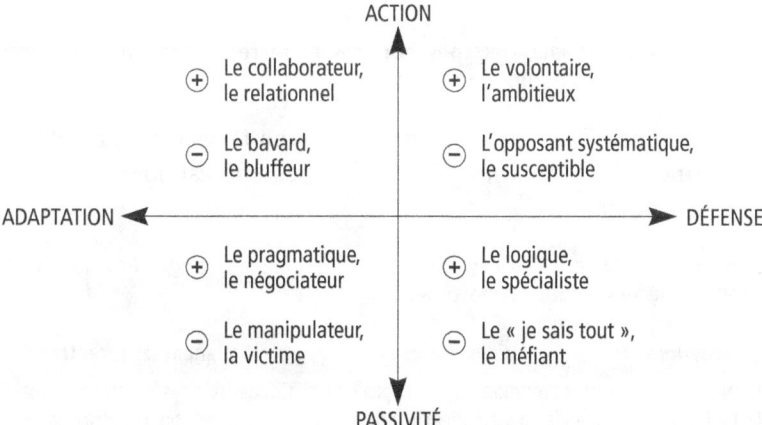

Le manager recueille les explications du salarié ; c'est le moment où commencent les dérives.

Chacun ne réagit pas de la même façon et le manager se doit de gérer ces différences : le bavard qui raconte des anecdotes ne se traite pas comme le méfiant silencieux.

L'humain réagit selon son tempérament. Les quatre « familles des tempéraments » sont définies par le croisement des deux axes : action/passivité et adaptation/défense.

- **L'action** : l'énergie dirigée vers le monde extérieur. L'individu veut un changement et agit pour essayer de changer une situation. Il prend le risque de se confronter aux autres.

Je veux changer mes horaires ; je l'exprime directement au chef (je prends le risque d'échouer).

- La **passivité** : l'action « rentrée ». La personne veut aussi changer une situation mais sans prendre de risque. Toutes les sécurités doivent être préservées en cas d'action.

> Je veux changer mes horaires ; je prétexte que l'équipe entière est concernée ou je fais en sorte qu'un collègue exprime ma requête...

- L'**adaptation** : l'énergie dirigée vers une harmonie entre soi et le monde extérieur.

> Je veux toujours changer mes horaires et je recherche un compromis entre le reste de l'équipe et mon projet.

- La **défense** : l'énergie concentrée sur une résistance. La défense est une anti-adaptation. Tout changement est identifié à un danger potentiel.

> On propose un nouveau système de contrôle ; il change mes habitudes donc je défends l'ancien système.

Réactions	Écoutez-les	Comment les recentrer
Le bavard Le bluffeur	Ils détournent à leur profit les détails ou s'étendent sur des hors-sujets.	Couper par des questions fermées FT neutres pour casser le flux incessant.
Le relationnel Le collaborateur	Ils n'ont pas grand-chose à signaler.	Faites-les parler de leurs réussites, le reste viendra.
L'opposant systématique Le susceptible	Ils recherchent le conflit, s'expriment avec des opinions, dénoncent leurs contrats d'objectifs.	Questions factuelles pour neutraliser leur agressivité + Reformulation des propos négatifs. Maîtrisés, ils peuvent devenir des collaborateurs.
L'ambitieux Le volontaire	Ils sont motivés et expriment leurs idées sans ambiguïté. (Ils sont parfois très directs).	Montrez votre intérêt en notant leurs idées. Reformulez, quand ils s'emballent.
Le manipulateur La victime	Champions du « on » et de la généralisation. « Ce n'est jamais de leur faute...	Faire préciser leurs insinuations (questions factuelles).
Le pragmatique Le négociateur	Parfois timides, ils apportent néanmoins les preuves de leurs réalisations (ils préparent leur entretien).	Reformulez leurs messages, ils ont besoin de repères pour progresser dans leur exposé.

Réactions	Écoutez-les	Comment les recentrer
Le « je sais tout » Le méfiant	Ils refusent toute remise en cause par le silence ou le hors-sujet volontaire. Vouloir les faire progresser est une injure à leur talent !	Seuls des chiffres appuyés par un « quelle déduction faites-vous » est jouable. À moins que leur orgueil ne devienne le point faible.
Le spécialiste Le logique	Ils s'expriment en recherchant les termes exacts. Ils s'impliquent en exposant leurs réalisations.	Patience. Écoutez leur raisonnement phase par phase et faites savoir que vous avez compris, sinon ; ils recommencent !

Les mécanismes de la rumeur

Les réactions du salarié peuvent aussi être générées par des rumeurs. Le manager veillera à identifier ces rumeurs et à les neutraliser.

La rumeur naît dans un contexte où l'incertitude prédomine et où l'information est insuffisante.

Attention : plus le contexte est incertain, plus la rumeur est importante.

$$R \text{ (Rumeur)} = I \text{ (Importance)} \times A \text{ (Ambiguïté)}$$

La rumeur est un essai de régulation des liens sociaux, activée par des personnes qui ont perdu leurs repères. Elle soulage les diffuseurs parce qu'elle donne un sens à ce qui n'en a plus, même si leurs assertions ne sont que mensonges.

La rumeur s'appuie sur des peurs et tabous (exemple : peur de la maladie → crise de la listeria).

Manipulation consciente de la rumeur

La rumeur peut être utilisée à des fins destructrices par des personnes physiques ou morales mal intentionnées.

Objet de manipulation stratégique, la rumeur peut déstabiliser un système ou une entreprise (exemple : brusque chute du cours des actions en Bourse suite à une rumeur).

Manipulation inconsciente de la rumeur

La volonté de nuire n'est pas ici en cause.

Le doute des salariés s'élimine en trouvant un « bouc émissaire », la victime désignée incarne la cause de tous les maux.

LA TRANSITION DE LA PHASE 2 À LA PHASE 3

La transition entre ces deux phases est assurée par une simple reformulation.

Une reformulation permet de synthétiser les apports du salarié tout en reprenant la parole.

Le questionnement permet de distribuer cette parole ou de la garder. La phase 3 étant dédiée au manager, eh bien, il garde la parole !

Reformulation : « *J'ai bien compris que votre souci principal de l'année écoulée a été de maintenir 80 % de votre objectif malgré le temps consacré à de nombreuses heures de formation. J'aimerais vous soumettre à mon tour quelques chiffres qui illustreront cette situation...* »

PHASE 3
LE MANAGER FAIT SON ÉVALUATION
70 % du temps de parole pour le manager
30 % du temps de parole pour le salarié

Transition 2 à 3
=
Reformulation

PHASE 2
LE SALARIÉ FAIT SON BILAN
70 % du temps de parole pour le salarié
30 % du temps de parole pour le manager

1) Distinguez les questions fermées, ouvertes, neutres, orientées...

Dans le tableau ci-dessous, différenciez les questions de type ouvertes ou fermées – orientées ou neutres.

Question ouverte	Question fermée	Question neutre	Question orientée
1. Avez-vous apporté le guide de préparation ?			
2. Avez-vous bien suivi le guide de préparation ?			
3. Que pensez-vous de votre année ?			
4. Avez-vous atteint les objectifs ?			
5. Avez-vous pris toutes les précautions possibles ?			
6. Qu'attendez-vous de l'entreprise ?			
7. Pourquoi êtes-vous trop stressé ?			
8. Comment avez-vous pu obtenir d'aussi mauvais résultats ?			
9. Votre santé est-elle tout à fait satisfaisante ?			
10. Comment expliquez-vous vos résultats ?			

2) Repérez les filtres qui orientent la communication

Pour chaque situation ci-dessous, six manières de réagir vous sont proposées ; classez ces réactions selon le filtre auquel elles font appel (5 sur 6 font appel à un filtre ; la 6e est une reformulation).

Situation 1

« Je n'ai pas atteint mes objectifs de l'année dernière, mais c'est normal. Vous avez profité de mon inexpérience pour mettre la barre beaucoup trop haut. Je ne me laisserai plus prendre à votre petit jeu. D'ailleurs tous les nouveaux embauchés ont eu les mêmes difficultés. »

1. Qui a eu des difficultés ?

2. Vous n'avez pas à remettre en cause les objectifs que vous avez acceptés. Vous n'arriverez jamais à rien comme ça.

3. Mais il fallait me le dire avant !

4. Vous ne pouvez pas réussir aussi bien que les anciens.

5. Vous manquiez de repères pour évaluer les objectifs.

6. Ne vous inquiétez pas pour ça. Nous allons fixer des objectifs plus faciles.

Situation 2

« J'ai atteint mes objectifs, mais je n'arrive pas à y croire. C'est toujours la même chose. Quand quelque chose d'heureux m'arrive, je me dis que c'est la chance. C'est comme pour cette possibilité de promotion. Quand j'ai su que j'avais réussi les tests, j'ai cru qu'il y avait une erreur et je ne suis pas allé à l'entretien. »

1. C'est en réagissant comme vous que l'on passe à côté des meilleures occasions.

2. Vous croyez à la chance plus qu'en vous-même.

3. Vous vous persuadez que vous ne pouvez pas y arriver. Quand vous réussissez, vous pensez que c'est faux.

4. Et finalement, qui a eu a cette promotion ?

5. Cette situation est passagère. Vous en viendrez à bout.

6. La prochaine fois, demandez qu'on vérifie vos résultats.

10
Phase 3 : Le manager évalue les résultats du salarié

À la fin de la phase 2, le manager a récapitulé les dires de son collaborateur. Il s'est ainsi assuré de la bonne compréhension des informations reçues. Il a pu compléter le diagramme des 5 M par les 20 % d'informations qui lui manquaient lors de sa préparation. Les précisions apportées par le salarié ont d'ailleurs pu modifier certaines conclusions auxquelles il était arrivé. Son analyse est maintenant complète.

Le manager peut maintenant bâtir son évaluation sur des faits et la communiquer au salarié. Ce dernier attend cette restitution car elle atteste :

- son utilité,
- son effort,
- sa compétence.

La restitution doit donc être exacte, objective, pour enclencher chez le salarié le désir de collaborer à cet entretien.

Avantages de cette phase 3	
pour le salarié	pour le manager
– Position claire – Personnalisation de son travail par une progression adaptée.	– Renforcement de son autorité par l'utilisation de son objectivité – Traitement des principales objections – Gain de temps pour la phase 5
Risques de la phase 3	
pour le salarié	pour le manager
– Blocage complet	– Perte de crédibilité

Encadrer, c'est aussi informer ses collaborateurs sur leurs performances – toutes les performances et pas seulement les mauvaises. C'est pourquoi le manager veillera à restituer l'ensemble des résultats. Il mettra en avant les réussites et les enseignements qu'elles apportent.

> *« Je pense que la méthode que vous avez imaginée pour régler ce problème pourrait être appliquée à d'autres situations. »*

Il évoquera aussi, bien entendu, les insuccès. Le manager qui éviterait de porter un jugement sous prétexte qu'il est négatif ne serait pas crédible. Porter un jugement fondé est un acte incontournable de management.

Le diagramme des 5 M comporte maintenant toutes les causes connues d'échec. Si le manager veut que son collaborateur s'implique dans la résolution, il doit lui faire découvrir ce qui l'a empêché de réussir. L'analyse que le manager a établie va servir de guide à cette découverte.

Dans la phase précédente, il avait utilisé en priorité les questions ouvertes (pour découvrir les informations). Cette fois, il se servira surtout de questions fermées, pour conduire son collaborateur sur l'itinéraire qu'il a tracé. Mais, attention ! Une série de questions fermées devra être entrecoupée d'apports d'informations, sous peine de prendre l'aspect d'un interrogatoire.

Lorsque le salarié a identifié les causes de son échec, il sera le plus souvent capable de proposer des remèdes. Le responsable considérera les solutions présentées par son collaborateur avec bienveillance. D'une part, parce qu'elles dénotent une volonté de progresser et, d'autre part, parce que le collaborateur sera d'autant plus enclin à les appliquer qu'elles viennent de lui. Le rôle du manager est ici celui d'un garde-fou, qui va écarter les solutions irréalistes et parfaire (si besoin est) les autres. Que lui importe en effet que l'idée retenue soit la sienne ou pas. Seule la réussite l'intéresse.

VALORISER LES RÉUSSITES ET FORMULER UNE CRITIQUE

Entrons dans le vif du sujet.

Cas 1. Accepteriez-vous que votre entraîneur sportif corrige le mouvement de vos pieds ou de vos bras ?

Pour quelles raisons ?

Cas 2. Accepteriez-vous que votre supérieur hiérarchique corrige votre style de management ? Pour quelles raisons ?

Pourquoi les conditions d'acceptation diffèrent-elles ?

	Explications	
Cas 1	L'humain accepte la critique sur une situation qu'il peut lui aussi constater et qui ne met pas ses compétences en jeu. Dans le cas présent, il s'agit de capacités physiques et non de compétences.	CRITIQUE
Cas 2	La critique repose sur un comportement et met donc en cause un système de valeurs personnel. C'est donc une critique difficile à admettre. Selon les tempéraments elle engendrera des réactions très différentes.	JUGEMENT

Différencier critique, sanction et manque

Le manager gagne en affirmation s'il utilise la valorisation et la critique à bon escient.

Une **critique** se fait sur du **constatable** ou de l'**observable** et oriente les interlocuteurs vers une **entente**.

Un **jugement** se fait sur des **valeurs** et provoque une réaction de défense **extériorisée** (objections, conflits) ou **intériorisée** (rancœur, démotivation, perte de confiance).

« Votre responsable des ventes maîtrise la gestion et l'animation des réunions, mais celles-ci sont trop techniques pour ses vendeurs. »

Conduire un entretien d'évaluation

Pour formuler une critique constructive, vous lui dites :

J'ai eu des remarques positives sur vos réunions (renforcement)	Reconnaissance et valorisation de l'effort.
La moitié des vendeurs ont essayé de mettre en application ce que vous leur avez démontré	Constat, faits concrets vérifiables.
Que peut-on faire pour l'autre moitié ? (Facilitation)	Orientation vers le nouvel effort dont on souhaite discuter (résultat souhaité) : – s'exprimer en termes simples ; – se mettre au niveau des participants.

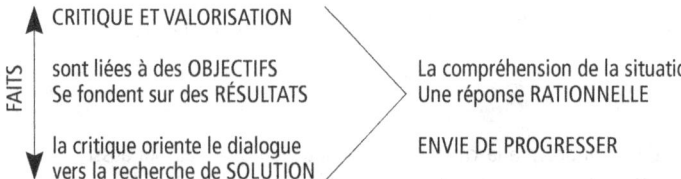

La critique porte sur une erreur ou un dysfonctionnement alors que la sanction porte sur un manquement aux règles.

Comment construire une critique ou un compliment ?

Exprimez une critique	Et évitez...
Un résultat par rapport à un objectif	De juger une personne ou une fonction
Des critiques portant sur des faits, et donc PRÉCISES	De faire des comparaisons
Votre critique avec assurance et en termes simples	De critiquer en vous excusant
Une critique à la fois	D'assommer le salarié par une kyrielle de remarques

Formulez un compliment	Exemples
Présenter un fait constatable par le salarié.	Vous avez atteint votre objectif en huit mois.
Exprimer un ressenti.	J'en suis bien satisfait.
Conclure en positivant l'avenir.	Nous pourrons démarrer plus tôt que prévu le projet de l'équipe.

La critique, comme le compliment, s'exprime sur une situation constatable ; le salarié écarte ainsi l'hypothèse du mensonge flatteur.

Le compliment se vit alors comme un mérite et la critique se ressent comme juste.

L'expression objective renforce la communication et minimise les énergies dissoutes dans les doutes et remises en causes du style : *« Il m'a dit que j'étais un bon collaborateur, mais il me jette de la poudre aux yeux pour mieux profiter de mes services ! »*

La critique négative écrase la fierté de l'homme et le **démotive**. Une critique constructive porte sur des faits et non sur une personne.

On **corrige** une erreur. On **sanctionne** un manque.

Expliquer au salarié l'écart entre ses objectifs et les résultats

Le diagramme des 5 M est partiellement élaboré lors de la préparation ; il est complété ou en partie infirmé par les informations recueillies en phase 2.

L'appréciateur peut bâtir son évaluation sur des faits et la communiquer au salarié. Ce dernier attend cette restitution car elle atteste son utilité, son effort et sa compétence. La restitution doit donc être exacte, objective pour enclencher chez le salarié le désir de collaborer à cet entretien.

```
┌─────────────────────────────────────────────────────────┐
│          Préparation = 80 % de l'analyse                │
│        • Recherche des causes des performances          │
│           • Lien avec les objectifs de l'unité          │
└─────────────────────────────────────────────────────────┘
                            +
┌─────────────────────────────────────────────────────────┐
│         Phase 2 : le salarié fait son bilan             │
│  • Recueil des 20 % d'informations manquant à l'analyse définitive │
│             • Vérification de ces informations          │
└─────────────────────────────────────────────────────────┘
                            =
┌─────────────────────────────────────────────────────────┐
│ Phase 3 : le manager communique au salarié l'ANALYSE DES ÉCARTS │
│      • Synthèse des 80 % et des 20 % = Analyse complète │
└─────────────────────────────────────────────────────────┘
```

PRÉVENIR ET GÉRER LES CONFLITS LORS DE L'ENTRETIEN

L'aspect comportemental de l'entretien d'évaluation garde cette petite note d'impondérable qui fait toute la valeur d'une rencontre. Cet échange sera peut-être un révélateur et la relation de supérieur hiérarchique à subordonné y prend son entière signification.

En effet, le « chef » va demander à son collaborateur de produire encore un effort, même s'il est différent de celui de l'année précédente, ce sera toujours la même requête : « *produisez plus* », ou « *produisez mieux* » ou « *rentabilisez votre compétence* »... La personne mesure alors son statut de subordonné et peut avoir des réactions parfois imprévisibles ; ainsi pourra-t-il chercher le conflit simplement pour se sentir à la hauteur ou pour évacuer un reproche non exprimé, ou encore pour prouver qu'il ose « affronter le système ». L'entretien d'évaluation se doit donc de rester un canal d'expression ; mais faut-il encore savoir le gérer. Il faudra garder à l'esprit que les types de conflit s'alignent sur les types de réactivité (et non forcément sur les comportements connus). Un épidermique même timide pourra engendrer un conflit explosif, violent et souvent imprévisible; il est donc prudent de mener une évaluation sur un résultat et non de juger la personne elle-même sous peine de mener un procès... perdu d'avance.

Plus vite le manager identifiera le type de conflit probable, mieux il conduira son entretien.

Les quatre types de conflits

La différence entre pouvoir, autorité et manipulation

Ne confondons pas manipulation et pouvoir. La manipulation est à la portée de tous. Même les enfants s'y essaient dès leur plus jeune âge ! Plus elle est insoupçonnée et plus elle est efficace ;

```
                              ACTION
        CONFLIT DE PERSONNES     ▲        CONFLIT OUVERT

          Processus de dévouement          Processus de rébellion
     Le subordonné se vend indirectement à   Les directives et les consignes sont
     son supérieur. Il veut se faire apprécier et   systématiquement critiquées, mais le
     pour cela il agit en flatteur ou en « béni   subordonné ne propose aucune autre
     oui, oui ».                           solution « Le chef a toujours tort. »

            Recherche d'acceptation          Recherche de domination
ADAPTATION ◄─────────────────────────────────────────────► DÉFENSE
            Recherche de sécurité           Recherche de contrôle

          Processus de démission          Processus de contrainte
     Le subordonné obéit sans discuter, il ne   Le subordonné accepte les consignes s'il
     souhaite aucune responsabilité ou   monnaye ses contraintes. Rien ne le
     initiative.                           motive hormis un maximum de salaire ou
     Indifférence ou agressivité contenue ?   d'avantages pour un minimum d'effort.

          CONFLIT MASQUÉ        ▼        CONFLIT DE RÉSISTANCE
                             PASSIVITÉ
```

malheureusement, elle peut casser le meilleur des collaborateurs aussi sûrement qu'un laser mal dirigé. En effet, la manipulation se transforme en bombe le jour où la cible découvre qu'elle a été considérée comme une pauvre chose, un objet dérisoire. Le subordonné ne pardonnera pas à son chef, aussi compétent soit-il, ce manquement au respect de l'humain. Il exprimera alors sa déception par un conflit masqué s'il possède un tempérament passif (voir définition tableau précédent) ou par un conflit ouvert s'il dispose d'un tempérament réactif.

Différencions donc pouvoir et manipulation.

	Manipulation	Pouvoir
OBJECTIFS	Obscurs	Clairs
MOYENS	Détournés	Identifiés
RELATIONS	De dépendance	Négociées
PUBLIC Non averti Averti	Facile Peu efficace	Faible Efficace
VALEUR MORALE	Faible	Forte

J'oppose la notion de pouvoir à celle de manipulation négative : la manipulation a pour objectif de satisfaire ses propres intérêts au détriment de ceux d'autrui alors que l'expression d'un pouvoir est « naturelle » en soi. Le pouvoir n'a rien de méprisable : il permet de matérialiser une volonté. Aussi s'exprime-t-il sans ambiguïté ou faux-semblant. Son langage ne comporte ni inférence, ni termes sibyllins.

Le pouvoir se distingue aisément de la manipulation. En effet, le pouvoir ne prend **jamais** en otage l'interlocuteur, il lui laisse **toujours** sa liberté de choix. La manipulation, elle, ne fait jamais clairement apparaître les intérêts respectifs des uns et des autres. Évidemment, les intérêts, dans ce cas, ne se comptabilisent que pour son auteur.

- Le pouvoir est la capacité de satisfaire un besoin.
- Le pouvoir est relation d'influence.
- Le pouvoir est aussi un plaisir de puissance inhérent à l'humanité.

« *L'autorité est un pouvoir socialement institutionnalisé, organisé, légitimé* » (Max Weber).

Sources de pouvoir	Autorité correspondante
Le statut	Fonctionnelle
L'expertise	De compétence
L'information	D'influence
Le Charisme	Aucune
Le doute (Crozier 1964)	Aucune

Chacun dispose d'un pouvoir naturel relatif à l'une des sources présentées ci-dessus.

Parmi les multiples profils managériaux, certains se caractérisent par un pouvoir charismatique qui entraîne spontanément l'adhésion des équipiers. De nature intuitive, ce pouvoir charismatique ne fait pas toujours recette auprès de tous les collaborateurs ; en effet, certains accordent plus de valeur au savoir expert qui légitimera leur respect de la hiérarchie.

Additionnons pouvoir charismatique et expertise et nous obtenons une force d'influence particulièrement efficace en situation professionnelle. En effet, il serait maladroit de la part du salarié de remettre en cause une compétence reconnue et difficile de se soustraire à une sympathie naturelle ; par conséquent, les objections de l'équipier s'avèrent de faible intensité, voire inexistantes, lors de l'entretien.

Dans l'absolu, nous pourrions déclarer qu'une autorité purement statutaire, dépourvue de tout pouvoir, limite l'influence à la seule force de sanction. Humainement, cette influence, bien qu'opérationnelle, porte en elle les stigmates de l'échec (expérience de Milton).

Lors d'un entretien d'évaluation annuel, le manager :
- dispose de son propre pouvoir – ce qu'il veut et peut ;
- représente l'autorité que lui accorde le système de son entreprise ;
- identifie le pouvoir de son interlocuteur ;
- dépend de l'autorité que lui accorde son interlocuteur.

Le tableau ci-dessous présente les corrélations existant entre les sources de pouvoir et les familles de comportements.

Type de pouvoir	Réactions	Écoutez-les	Commentaires
Pouvoir de l'information : celui du relais informel ou de la rumeur	**Réactions négatives** Le bavard Le bluffeur	Ils détournent à leur profit les situations ou s'étendent sur des hors-sujets.	Trait commun de ces comportements : l'ouverture vers le monde extérieur. Relationnels, ils recueillent facilement les informations ou les confidences. Dans le pire des cas, ils sont colporteurs de rumeurs ; dans le meilleur des cas, ils deviennent des relais d'informations. Dans un entretien, ils sont « charmants » et savent trouver les mots qui intriguent…
	Réactions positives Le collaborateur Le Relationnel	Ils n'ont pas grand-chose à signaler.	

…/…

Type de pouvoir	Réactions	Écoutez-les	Commentaires
Pouvoir charismatique : celui de la séduction	**Réactions négatives** Le susceptible L'opposant systématique	Ils recherchent le conflit, s'expriment avec des opinions, dénoncent leurs contrats d'objectifs.	Trait commun de ces comportements : le désir de se faire valoir. Le pouvoir charismatique ne s'explique guère. Cette force entraîne, dynamise, donne l'élan vital. Dans un entretien, ils sont convaincants, même dans l'erreur ! Ils savent déstabiliser leur interlocuteur.
	Réactions positives Le volontaire L'ambitieux	Ils sont motivés et expriment leurs idées sans ambiguïté. (Ils sont parfois très directs.)	
Pouvoir du doute (M. Crozier 1964) : celui du flou	**Réactions négatives** La victime Le manipulateur	Champions du « on » et de la généralisation. Ce n'est jamais de leur faute…	Trait commun de ces comportements : la force de persuasion. Ils sont négociateurs dans l'âme ; ils trouvent la faille de leur interlocuteur et s'en servent à bon ou mauvais escient. Dans un entretien, ils ne cèdent à aucune forme de chantage ou de pression ni à aucun argument affectif.
	Réactions positives Le négociateur Le pragmatique	Parfois timides, ils apportent néanmoins les preuves de leurs réalisations (ils préparent leur entretien).	
Pouvoir d'expertise : celui du savoir	**Réactions négatives** Le méfiant Le « je sais tout »	Ils refusent toute remise en cause par le silence ou le hors-sujet volontaire. Vouloir les faire progresser est une injure à leur talent !	Trait commun de ces comportements : le savoir. Ils aiment comprendre pour ne pas « s'en laisser compter ». Dans un entretien, le savoir devient une « arme défensive ». Éviter de rentrer dans les détails techniques…
	Réactions positives Le spécialiste Le logique	Ils s'expriment en recherchant les termes exacts. Ils s'impliquent en exposant leurs réalisations.	

Les cercles d'auto-renforcement

Les cercles vicieux et vertueux de la communication s'appliquent aussi à l'entretien d'évaluation.

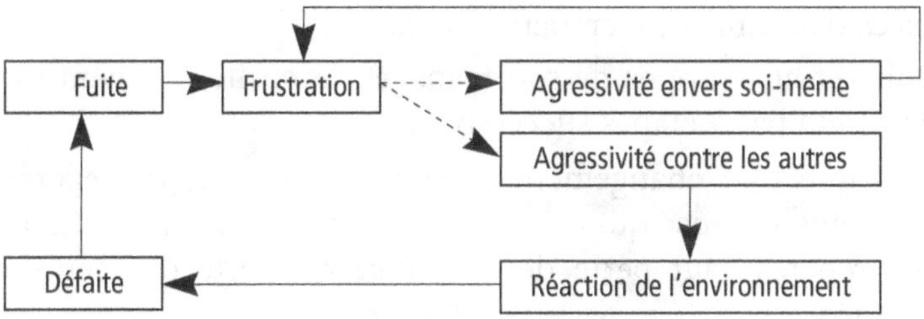

Fuite
Frustration
Agressivité envers soi-même
Agressivité contre les autres
Défaite
Réaction de l'environnement

Passivité de l'agressé
Attaque
Victoire de l'agresseur
Contre-attaque
Victoire de l'agressé
Désir de revanche

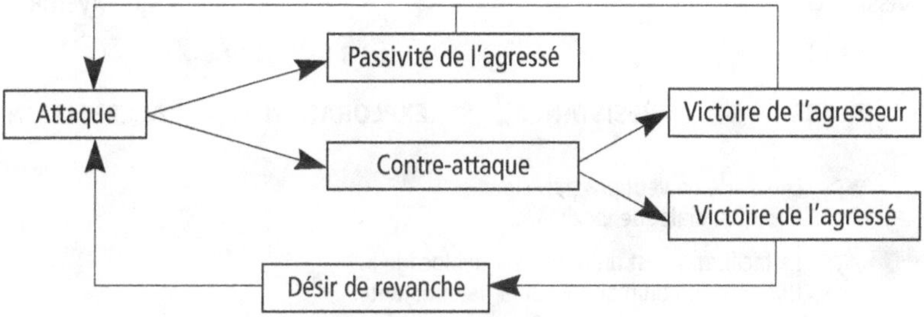

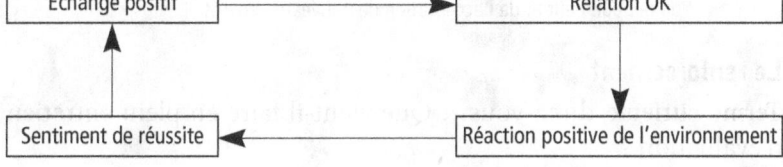

Échange positif
Relation OK
Sentiment de réussite
Réaction positive de l'environnement

Les quatre étapes d'un changement d'adhésion

Le salarié est confronté à un changement d'état d'esprit lorsque le manager émet une critique sur son travail ou quand il constate les causes d'un dysfonctionnement.

Il peut manifester un réflexe défensif en réagissant par :
- une opposition systématique (tempérament réactif) ;
- une méfiance (tempérament défensif) ;
- une soumission excessive (tempérament passif) ;
- un excès d'optimisme (tempérament actif).

Pour adhérer aux propos de son manager, le positionnement du salarié passera par 4 étapes successives.

Précisons que tout changement comporte une perte de repères plus ou moins sérieuse qui dure plus ou moins longtemps. Cette perte de repères vaut perte de confiance ou perte de sécurité momentanée.

Le renforcement raccourcit la durée du trouble.

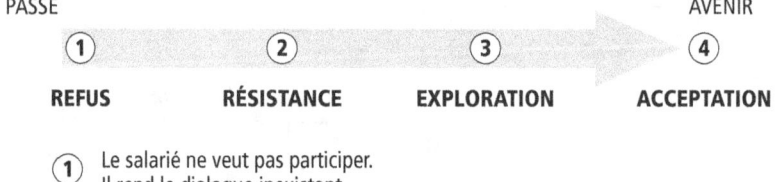

PASSÉ			AVENIR
①	②	③	④
REFUS	RÉSISTANCE	EXPLORATION	ACCEPTATION

① Le salarié ne veut pas participer.
Il rend le dialogue inexistant.

② La facilitation est un outil de « déblocage ».
L'implication du manager sera déterminante.

③ Rechercher des solutions,
c'est aussi valoriser une réussite.

④ Savoir critiquer + engagement du manager sont des points clés du dénouement et de l'acceptation de nouveaux repères.

Le renforcement

Terme curieux, direz-vous… Que vient-il faire en plein entretien d'évaluation ?

Ce mot n'est pourtant pas un intrus, il évoque bien le fait de conforter, soutenir, et exprimer la reconnaissance d'un effort, d'un travail, d'un résultat. Le renforcement doit se faire à bon escient ; en aucun cas, il ne sera flatterie ou mensonge, le manager usant d'un renforcement aura le courage de dire : « *C'est bien* » ou : « *Non, ce n'est pas ce qu'on attendait.* »

Un cas courant : durant l'entretien, le manager confronte le salarié à ses propres erreurs. Quand ces erreurs relèvent d'une tâche pratiquée régulièrement, le salarié perd une partie de ses repères : *il croyait bien faire, avoir raison, être le meilleur et voilà que son chef lui prouve qu'il a « tout faux ».*
Le renforcement positif aide à passer ce cap en donnant de nouveaux repères.

> « *Globalement, votre travail est effectif mais modifiez telle opération pour obtenir tel résultat…* »
> Le renforcement négatif pour la même situation serait : « *Décidément, vous cumulez les erreurs* », ou encore : « *On ne comprend rien à ce que vous faites !* »

Le salarié qui fournit des efforts pour progresser a besoin de **savoir** s'il est sur la bonne voie. Le renforcement balise un itinéraire de progression.

Un « changement d'état » pourra être, pour le salarié :
- une fonction en pleine évolution, de nouvelles tâches…
- une promotion, une mutation…
- un changement de direction, de supérieur hiérarchique…
- un changement de matériel.

Quel que soit ce changement d'état, retenons qu'il opère en quatre temps.

L'entretien professionnel propose lui aussi un changement d'état puisqu'il vise une amélioration.

TRANSITION DE LA PHASE 3 À LA PHASE 4

La phase 4 est dédiée au salarié ; le manager lui ouvre donc un champ d'expression par une question ouverte neutre.

Reformulation (reprise de la parole par le manager) : « *Si je résume, nos analyses respectives concordent et il est temps de me présenter vos projets.* »
Question ouverte neutre (le manager redistribue la parole à son équipier) : « *Quels sont donc vos souhaits professionnels pour l'année à venir ?* »

PHASE 3
LE MANAGER FAIT SON ÉVALUATION
70 % du temps de parole pour le manager
30 % du temps de parole pour le salarié

Transition 3 à 4
=
Reformulation + question ouverte neutre

PHASE 4
LE SALARIÉ EXPRIME SES VŒUX
80 % du temps de parole pour le salarié

Cas pratique

1) Formulez une critique basée sur des faits.
M. Martin rend systématiquement son travail en retard. Des remarques lui sont faites, mais il trouve toujours de bonnes raisons pour justifier le dépassement de ses délais. M. Lebeau a décidé de régler ce problème, ces retards provoquant des dysfonctionnements dans tout le service ; il rencontre M. Martin aujourd'hui...

M. Martin est convoqué par M. Lebeau pour parler des retards accumulés. Mais ce n'est pas de sa faute, il reçoit des documents pleins d'erreurs et il les rectifie lui-même, sinon ses correspondants du service de M. Ledur prendraient un blâme. De plus, M. Martin dit manquer de collaborateurs. C'est sûr. Et de toute façon, le travail est en retard mais bien fait...

Formulez la critique constructive de M. Lebeau.

2) Identifiez les erreurs qui vont créer le conflit

Voici un extrait d'entretien entre un salarié et son manager. Prenez connaissance des paroles échangées puis répondez aux questions.

— *Eh bien, Lucien, quand tu veux t'en donner la peine, tout se passe bien ! Tu as consommé moins de pétrole que prévu. En revanche, pour la gestion des pannes, tu ne t'impliques pas beaucoup.*

— *Ah bon ?*

— *Quand on vient te voir pour un dépannage, tu n'as pas de temps. Que la production soit stoppée, ce n'est pas ton problème.*

— *C'est vrai que je n'aime pas être dérangé, sinon, je n'ai jamais fini. Mais quand même, vous exagérez : j'ai de la conscience professionnelle.*

— *Lorsque nous avons fixé cet objectif, tu l'as accepté. Maintenant, c'est : « Je n'aime pas être dérangé. » Tu t'en fiches des objectifs !*

— *Non, je ne m'en fiche pas. Depuis vingt-deux ans que je suis dans la boîte, j'ai toujours bien fait mon boulot. Je ne vois pas où je m'en fiche.*

— *J'ai cette impression parce que tu ne tiens pas les objectifs et que tu rejettes la faute sur les ouvrières.*

— *C'est logique, elles ne font pas attention !*

— *Écoute-moi bien. Il y a un an, tu trouvais l'objectif réaliste, puisque tu as signé. Maintenant, tu prétends que tu as bien travaillé.*

— *Je ne vois pas ce qu'on peut me reprocher.*

— *D'avoir accepté un objectif et ne pas l'avoir atteint. S'il y avait eu des problèmes avec les ouvrières, tu en aurais parlé l'an dernier, je ne te crois pas.*

— *Croyez qui vous voudrez, moi j'ai ma conscience pour moi.*

Quel est le type de conflit généré par le manager ?

Quelles erreurs le manager commet-il ? Sur quoi la situation devrait-elle déboucher ?

	Oui	Non
1. Le manager exprime des faits : – les dysfonctionnements – la définition des tâches		
2. Une seule critique à la fois		
3. Les termes sont simples		
4. Écoute + reformulation des objections		
5. Questionnement factuel face aux objections		

11

Phase 4 : le manager fait émerger les besoins professionnels du salarié

Avantages de cette phase 4	
pour le salarié	pour le manager
– Formalisation – Gain de confiance en l'avenir	– Possibilité de transformer un enjeu en mommaie d'échange pour obtenir un progrès
Risques de la phase 4	
pour le salarié	pour le manager
– Stagnation	– Perte d'implication
Perte de motivation	

TRADUIRE DES MOTIVATIONS EN SITUATIONS PROFESSIONNELLEMENT ACCESSIBLES

L'objectif de cette phase est de détecter les souhaits ou besoins qui aideront la progression de l'individu et contribueront à la rentabilité de l'unité.

Certains de ces souhaits seront **leviers de motivation** s'ils sont :
- définis avec précision : pour cela, forcez-vous à définir les attentes de votre collaborateur en les classant dans le répertoire des familles de motivation (tableau ci-dessous) ;
- traduits en actions : réalisables et cohérents par rapport aux objectifs de l'unité ; n'hésitez pas à poser les questions factuelles s'y référant.

Le tableau suivant vous y aidera. Ce tableau est inspiré par la pyramide de Maslow dont les fondements sont rappelés ci-après.

Il arrive que certaines aspirations du salarié soient irréalistes ou, pour le moins, incompatibles avec la politique de l'entreprise (revenir à d'anciennes méthodes ou au contraire innover radicalement, mettre en question une structure…). Le manager doit alors écarter très rapidement ces demandes. La meilleure solution est d'amener le collaborateur à comprendre en quoi sa proposition est déraisonnable. Pour ce faire, il peut utiliser une succession de questions factuelles (voir chapitre 2).

— *Je pense que l'ancienne méthode était meilleure pour nous. Il faudrait y revenir.*

— *En quoi était-elle meilleure ?*

— *Tout le monde en avait l'habitude. Il n'y avait pas à se poser de questions. Ça se faisait tout seul.*

— *Combien de temps vous avait-il fallu pour acquérir cette habitude ?*

— *Bah ! En six mois, je connaissais tout. Après un an, je n'ai plus jamais regardé la documentation.*

— *Et la nouvelle méthode est en place depuis ?*

— *Quatre mois… (Inutile d'insister sur le point marqué, sous peine de dévaloriser le salarié.)*

— *Savez-vous pourquoi nous avons changé de méthode ?*

— *Oui. Parce que la concurrence a évolué…*

— *Et l'ancienne méthode ne nous permettait pas de suivre. Je vois que vous avez compris.*

— *Oui, mais j'aimais mieux l'autre.*

Le manager a recadré l'entretien, en passant du registre des opinions à celui des faits ; en revanche, il ne s'opposera pas au ressenti exprimé dans cette dernière réplique.

D'autres enjeux définis par le salarié ne s'intégreront pas dans le schéma prévisionnel de l'unité. Le manager ne les rejettera pas pour autant : il étudiera la possibilité de les utiliser comme monnaie d'échange pour obtenir un progrès.

Comment envisagez-vous votre avenir professionnel ?

Familles de motivations	Faire préciser
PROGRESSER Élargir ses compétences Devenir expert dans son domaine Changer d'emploi Mesurer ses efforts	Dans quels domaines ?
PRENDRE DES INITIATIVES Créer S'affirmer Avoir plus de responsabilités	Quels sont les avantages pour le salarié et pour l'unité de travail ?
APPORTER DES IDÉES Émettre des suggestions sur son emploi Contribuer à une réflexion	Quelles sont les suggestions pour améliorer le travail de l'unité ?
ÊTRE RECONNU Voir ses efforts appréciés, pris en compte Appartenir au groupe	
ÊTRE INFORMÉ Recevoir et échanger les informations nécessaires, utiles	Quel type d'informations est manquant ?
MAINTENIR SES ACQUIS Avoir des garanties Être dans des conditions de travail adéquates Horaires, matériel	

Maslow et Herzberg sont encore d'actualité

La théorie des besoins reste un fil conducteur pour lister la nature des motivations.

La théorie d'Abraham Maslow repose sur le postulat suivant : un être humain tend vers la réalisation de lui-même. Pour y parvenir, il essaie de répondre à ses différents besoins. Tant que ceux-ci ne sont pas satisfaits, ils occupent un champ de motivation. Un besoin de rang supérieur émerge dès qu'un besoin de rang inférieur ne mobilise plus (effort) → théorie de la motivation.

Il est tentant de formuler le raccourci suivant : créez des besoins et vous créerez de la motivation. Selon Maslow, l'humain a besoin d'autonomie, d'estime et cherche la reconnaissance → levier de motivation.

Besoin et aspiration sont à différencier : l'aspiration est immatérielle, elle est motivation en puissance, fondée sur le désir, alors que le besoin une fois satisfait est entendu.

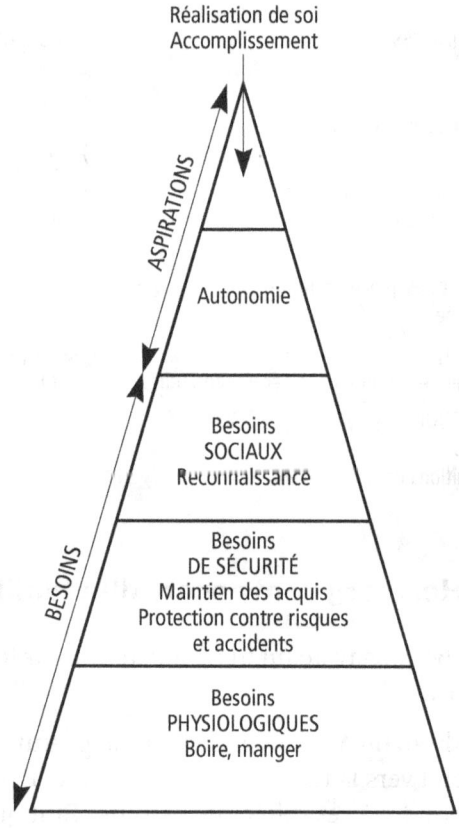

L'homme au travail aura toujours besoin de reconnaissance, celle de l'effort réalisé, de sa compétence. N'oublions pas que l'adulte a besoin de se sentir utile, qu'il aime ou non son travail, qu'il l'ait choisi ou non.

L'entretien d'évaluation **doit tenir compte de ce paramètre humain**, sinon, mieux vaut lui substituer un formulaire rempli d'avance, prêt à signer ; chacun gagnera du temps.

L'entreprise n'est pas non plus une œuvre de bienfaisance. L'attitude la plus juste est de convertir un besoin ou une aspiration en actions **au service de l'objectif de l'unité**.

Seul le N+1, manager, connaît suffisamment « sa troupe » pour faire émerger ses besoins et les convertir en monnaie rentable pour l'entreprise.

La motivation trouve son souffle de locomotive quand l'entretien d'évaluation reconnaît l'effort et le transforme en réussite.

On notera que les motivations financières en tant que telles ne peuvent pas s'intégrer dans cette pyramide. En effet, ce n'est pas l'argent qui motive (sauf Grandet et Harpagon), mais ce qu'il permet d'obtenir. L'argent contribue donc à satisfaire des besoins de niveau 1, 2 ou 3.

La théorie de Frederick Herzberg repose sur le postulat suivant : la motivation de l'homme au travail repose sur les facteurs valorisants, c'est-à-dire sur ce qu'il fait. Les facteurs d'ambiance, même satisfaits, ne sont pas des leviers de motivation.

En augmentant le salaire, on obtient bien une augmentation de la production pendant un certain temps (trois mois selon Herzberg) ; ensuite, le niveau de motivation baisse jusqu'à la prochaine augmentation. En revanche, si l'on donne au personnel de nouvelles responsabilités lui permettant de s'accomplir, on obtient une motivation durable.

(Voir schéma page suivante.)

Les managers pianotent encore et toujours sur les claviers des besoins du salarié au travail : en effet les champs de réflexion n'ont guère changé et sont intemporels, seules les causes changent ; ainsi, il y a cinquante ans, les études sur le stress n'étaient pas au goût du jour alors qu'aujourd'hui elles impactent les conditions de travail.

Conduire un entretien d'évaluation

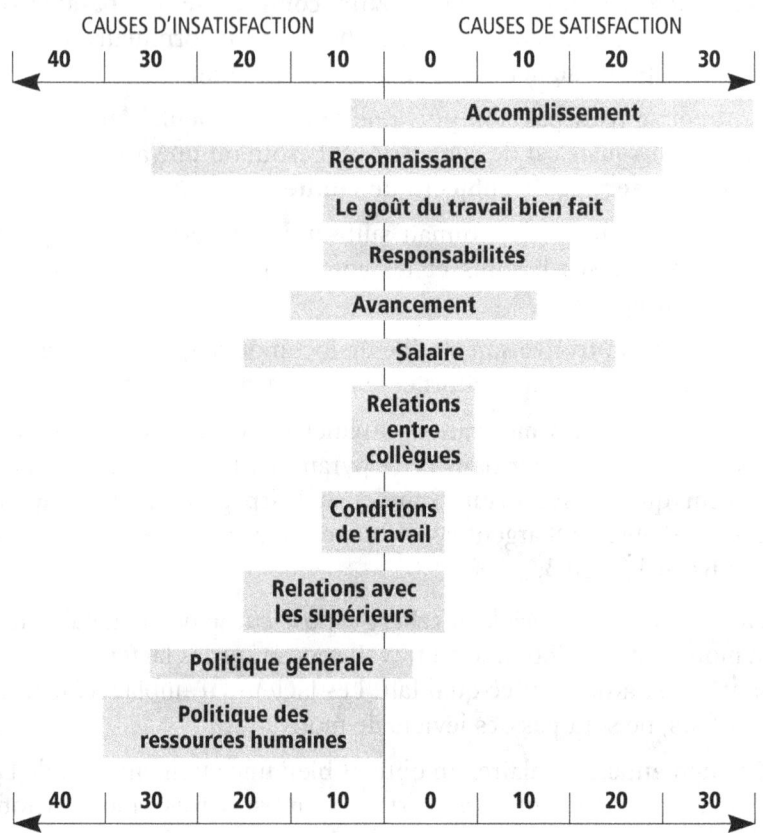

Faites le point sur les projets du salarié

Les projets du salarié sont-ils déjà structurés ou s'agit-il de simples souhaits ?   ....
Le salarié a-t-il émis une proposition concrète ?   ....
Si oui, quels étaient les liens avec les objectifs de l'unité ?   ....
Quels moyens ou solutions ont été trouvés pour matérialiser le projet ?   ....
Quelles sont les conséquences sur l'équipe ?   ....
Y a-t-il réalisation du projet aujourd'hui ?   ....   Sinon, pour quelles raisons ?   ....

LA TRANSITION DE LA PHASE 4 À LA PHASE 5

Une seule reformulation assure le lien entre les phases 4 et 5.

> « Vous avez des projets essentiellement axés sur l'amélioration de vos connaissances et vous souhaitez bénéficier de telles formations. Nous nous sommes entendus sur les possibilités d'accès à des cycles de formation, nous allons d'ailleurs les inclure à vos nouveaux objectifs. »

PHASE 4
LE SALARIÉ EXPRIME SES VŒUX
80 % du temps de parole pour le salarié

Transition 4 à 5
=
Reformulation

PHASE 5
NÉGOCIATION DU CONTRAT D'OBJECTIFS
60 % du temps de parole pour le manager
40 % du temps de parole pour le salarié

Ventilez les besoins suivants selon les niveaux de la pyramide de Maslow :
1. Bien s'entendre avec ses collègues.
2. Pouvoir organiser son travail.
3. Disposer de chaussures de sécurité.
4. Disposer d'un journal interne.
5. Cotiser à une caisse de retraite.
6. Avoir des parts abondantes à la cantine.
7. Appartenir au comité d'entreprise.
8. Inventer un procédé.
9. Assister régulièrement à des réunions d'information.
10. Dépendre d'un responsable expérimenté.
11. Travailler dans une entreprise solide.
12. Fixer ses propres objectifs.
13. Travailler dans une entreprise connue.
14. Recevoir un salaire suffisant.
15. Participer à la fête de fin d'année.

12

Phase 5 : le manager et le salarié négocient de nouveaux objectifs

Si l'entretien progresse avec succès, cette phase de négociation se présente sous les meilleurs auspices.

En revanche, si l'une des phases précédentes a échoué sans être traitée, la négociation risque d'être houleuse ou réduite à une procédure.

Attention : les objectifs de l'entreprise et les objectifs permanents (ou opérationnels) ne seront pas négociables. En revanche, les moyens et les performances feront l'objet de discussions.

Cette phase de l'entretien repose entièrement sur l'analyse des résultats liée aux nouvelles priorités de l'entreprise et sur les enjeux communs au salarié et à l'entreprise.

Si l'évalué sait que seule la rentabilité de l'activité est visée au cours de cet entretien, l'entreprise sait aussi que l'évalué sollicitera des moyens sans effet direct sur le résultat attendu.

Lors de la préparation, le manager a prévu des objectifs de progrès. Il doit maintenant les « vendre » à son collaborateur. Pour gagner ce challenge, il dispose d'un levier : les motivations du salarié (identifiées dans la phase précédente).

Il arrive malheureusement que ces motivations soient incompatibles avec les orientations prévues. Dans ce cas, le manager doit choisir entre deux options : essayer de faire accepter les objectifs prévus tels quels ou les ajuster aux attentes du salarié.

DÉTERMINER UN ENJEU

Dans la phase précédente de l'entretien, le manager a défini les motivations de son salarié. Il lui reste à les transformer en enjeux.

La mise en jeu (l'enjeu) met en lumière une situation que l'on convoite. Le risque réside dans l'incertitude de parvenir « à ses fins » et de perdre toutes opportunités pour améliorer son sort !

Le manager façonne alors le duo contribution/rétribution ; il convertit les motivations en efforts (contribution) contre satisfaction des besoins du salarié (rétribution). Nous verrons que les rétributions ne se payent pas toutes en monnaie trébuchante.

Les enjeux d'une situation se définissent en repérant les avantages qu'en attendent les acteurs.

Grille de détermination d'un enjeu

Nature des enjeux	Questions	Validation
La détermination du collaborateur /3	A-t-il exposé ses attentes avec fougue ?	+ 2
	A-t-il exposé ses attentes avec hésitation ?	– 1
	Ces besoins étaient-ils déjà exprimés l'an dernier ?	+ 1
La pertinence des objectifs prévus /3	Ont-il permis une rétribution pour le salarié ?	+ 2
	Le salarié a-t-il une vision systémique de sa participation aux objectifs de l'unité, du département ?	+ 1
La personnalité de l'évalué /2	Acceptera-t-il facilement de renoncer à ses projets ou de les retarder ?	+ 1
	Est-ce que sa résistance à la frustration est forte ?	+ 1
La qualité et l'ancienneté des relations entre le manager et son collaborateur /2	Serait-il prêt à faire un effort si je le lui demandais ?	+ 2
L'historique de ces relations /3	L'un de nous deux est-il redevable à l'autre ?	+ 2
	Si oui, le « solde » est-il proportionné à l'enjeu actuel ?	+ 1
La qualité des efforts produits /3	Le salarié a-t-il amélioré la tenue de son poste ?	+ 3
	Total	/16

L'enjeu le plus marqué oriente les réflexions sur la nature des efforts à négocier.

Si l'évalué n'a pu se faire entendre ou n'a pas eu de réponse à son attente dans les phases précédentes, il réitère son essai et, si son attente n'est pas satisfaite, il risque de rendre la tâche du manager difficile, voire impossible. L'entretien tourne court, ou se heurte à un refus de coopération.

Pour les salariés récalcitrants, le manager continue à utiliser :
- l'écoute active ;
- la facilitation ;
- le questionnement factuel.

Style de négociation et autonomie du salarié			
Le salarié a préparé ses objectifs et les présente.	Le salarié n'a pas préparé et ne veut pas participer.	Le salarié a des idées, mais ne veut pas les discuter.	Le salarié est passif, il est prêt à recevoir son contrat.
Style participatif	*Style dirigiste*	*Style facilitateur*	*Style explicatif*
Le manager vérifie que ces objectifs correspondent aux orientations du service.	Le manager présente le contrat d'objectifs et ses moyens et passe à la phase de la formalisation.	Le manager fait parler et écoute les idées. Il complète le contrat avec une partie des idées du salarié correspondant aux objectifs.	Le manager explique pourquoi il a choisi ces objectifs et lui demande comment il pense les mettre en œuvre.

Le salarié s'engage sur des **résultats**.

Le manager s'engage sur des **moyens**.

L'OBJECTION : UNE PRISE DIRECTE POUR MIEUX NÉGOCIER

Qu'est-ce qu'une objection ?

L'objection est une marque d'intérêt.

Généralement, un argument « contre » induit une analyse dans laquelle l'argument « pour » a été perçu ; mais un frein stoppe l'élan de l'adhésion.

Quelle attitude adopter ?
- Laisser la personne s'exprimer jusqu'au bout. Elle se sent écoutée et s'essouffle (technique de la baudruche).
- Garder son sang-froid, même en cas d'agression ou de mauvaise foi évidente.
- Pratiquer l'écoute active et la reformulation pour clarifier les problèmes et reprendre la parole.

Comment répondre à une objection ?
Une objection ne se contre pas, elle se traite :
- soit en considérant l'objection comme une question ;

— Vous voulez encore m'exploiter avec vos objectifs.
— Je souhaitais vous expliquer que certains de vos efforts pouvaient être négociés.

- soit en effritant l'objection : on retourne l'objection sous forme de question factuelle (voir questionnement factuel page 82) ;

— Vous voulez encore m'exploiter avec vos objectifs.
— Vous pouvez me préciser à quelles situations d'exploitation vous avez été confronté ?

LE CONTRAT D'OBJECTIFS

Précédemment, nous avons présenté les caractéristiques des objectifs, nous allons pouvoir dès à présent commenter les étapes pour établir un contrat d'objectifs.

Étapes du contrat d'objectifs	Exemples
Étape 1 : préciser le but : état futur souhaité. Quel est mon but ? Est-il inscrit dans le projet de mon service ? Qu'est-ce qui pourrait me freiner dans l'atteinte de ce but ? Quels sont les acteurs concernés ?	Augmenter la qualité des informations communiquées par téléphone dans le service après-vente.
Étape 2 : passer du but à l'objectif ; passer du but à l'action. Quel est le résultat attendu (faits, améliorations observables, quantifiables) ? À quelle date je veux obtenir ce résultat ? Quelles sont les contraintes qui découlent de cette action ? Est-ce que cet objectif est réalisable par la personne concernée ?	Répondre à la demande des clients sans cumuler plus de deux conflits par semaine.
Étape 3 : rédiger l'objectif. Formulation factuelle et verbes d'action sont indiqués pour ce type d'exercice (voir la liste des verbes d'action ci-après). Limiter la phrase à 20 mots.	Diminuer de 20 % le taux de réclamation des clients. De janvier à avril, toute information technique délivrée au client lui sera confirmée par un courrier électronique dans un délai de 4 heures.
Étape 4 : fixer des indicateurs d'atteinte. Chiffre, ratio, comportement observable qui permettent de vérifier le niveau d'atteinte de l'objectif.	Indicateurs : Nombre de réclamations clients/nombre de courriers. Nombre d'informations inexactes < 10 par semaine.
Étape 5 : définir les moyens. Le moyen ajusté à l'action est garant de l'atteinte du résultat. Quels sont les moyens indispensables ? Quels sont ceux dont je dispose et quels sont ceux dont dispose le salarié concerné ? Puis-je me procurer les moyens manquants ? Comment et à quel coût ?	Procédures à actualiser : – liste des informations les plus fréquentes. – informations formatées pour l'envoi électronique.
Étape 6 : programmer le suivi de l'objectif. Quels sont les bilans intermédiaires ? Qu'en pense mon collaborateur ? Comment éviter la confusion entre contrôle et suivi ?	Établir des sous-objectifs pour permettre l'autocontrôle par le salarié.

Le salarié s'engage sur des **résultats**.
Le manager s'engage sur des **moyens**.

La liste de quelques verbes d'action aide à la rédaction des objectifs :

Savoir théorique	Savoir- faire	Savoir-être
nommer	mesurer	décider
définir	construire	communiquer
reformuler	démonter	participer
classer	montrer	adapter
énumérer	assembler	déléguer
classer	dessiner	évaluer
calculer	découper	écouter
rédiger	poinçonner	adhérer
comparer	parler	influencer
démontrer	contrôler	critiquer
analyser	conduire	entraîner
identifier	lister	faciliter
différencier	reproduire	
illustrer	indiquer	
comparer	assembler	
opposer	séparer	
résumer	écrire	
	observer	

DÉCLINER UN PLAN D'ACTION

Si le salarié donne des idées et suggère des améliorations, le manager traduit ces axes de développement en objectifs.

Si le salarié ne propose rien, le manager présente un plan d'action qui amorcera une collaboration.

Voici le mémo des questions qui vous aideront à construire le plan de progrès de votre évalué.

Phases d'un plan d'action	N'oubliez pas de vous poser ces quelques questions
1. Préciser le but	– S'inscrit-il dans le projet de l'unité ?
	– Qu'est-ce qui peut l'empêcher de l'atteindre ?
2. Passer du but à l'objectif	– Quelles sont les actions qui traduisent l'état souhaité ?
	– Quel est le résultat attendu ?
	– Est-ce que ces actions sont réalisables par le salarié ?
	– Est-ce que les contraintes sont envisagées ?
3. Formuler l'objectif	– Comment peut-on formuler par écrit les actions en phrases de 20 mots maximum ?
4. Fixer les indicateurs d'atteinte : chiffre, ratio	– Comment saurai-je que les objectifs sont atteints ? – Quels sont les éléments chiffrés qui permettent de mesurer un résultat ? – Est-ce que les quoi, quand, combien sont respectés ?
5. Définir les moyens	– Quelles sont les ressources indispensables pour atteindre l'objectif ? – Quels sont les moyens manquants ? – Puis-je me les procurer ? – Comment ? À quel coût ?
6. Programmer le suivi	– Quelles sont les difficultés prévisibles dans les phases de réalisation de l'objectif ? – Quels sont les bilans intermédiaires à mettre en place ? – Qu'en pense le salarié ? – Comment éviter la confusion entre contrôle et suivi ?

Un objectif dont la formulation respecte le critère d'atteinte, les moyens, les délais présente un double avantage :
- le salarié peut se contrôler lui-même et gagner en autonomie ;
- le manager peut réajuster l'objectif aux fluctuations de l'environnement.

LA TRANSITION DE LA PHASE 5 À LA PHASE 6

Nous avons vu dans les chapitres précédents que la reformulation permet de reprendre la conduite de l'entretien.

La question neutre fermée ajoute un ton final. Elle est structurée pour appeler une réponse binaire, laconique.

> « *Nous arrivons au terme de notre entretien. [rapide reformulation] Pouvons-nous valider votre contrat d'objectifs ?* [question fermée neutre] »

PHASE 5
NÉGOCIATION DU CONTRAT D'OBJECTIFS
60 % du temps de parole pour le manager
40 % du temps de parole pour le salarié

Transition 5 à 6
Reformulation + question fermée

PHASE 6
FORMALISATION DU CONTRAT
ET CONCLUSION

Cas pratique

L'entretien de Lucien en est à la quatrième phase (expression des souhaits).

— *Lucien, quels sont tes projets ?*

— *J'aimerais bien partir à l'usine du Cantal pour les quatre années qu'il me reste à faire. Vous savez que mes petits-enfants sont là-bas. Comme ça, je serai près d'eux et après, ce sera la retraite... Ça serait vraiment formidable.*

— *Tu dis « les quatre années qu'il te reste à faire », est-ce que ça signifie que tu veux partir tout de suite ?*

— *Si c'est possible, oui.*

Nous vous proposons maintenant deux versions : une « mauvaise » et une « bonne ». En quoi la bonne aide-t-elle à négocier un contrat d'objectifs (phase 5) ?

Version « mauvaise »	Version « bonne »
— Non, ce n'est pas possible. Tu sais bien que les anciennes machines doivent encore tourner pendant deux à trois ans. Or, tu es le seul mécanicien capable de les réparer. Comment veux-tu que nous fassions ? — Je veux partir. Vous pouvez le faire. C'est possible. — Non, nous ne pouvons pas. Sois raisonnable, Lucien ! — Je peux très bien tout expliquer vite fait aux autres mécaniciens et partir là-bas. — Comment veux-tu que les autres s'en sortent ? Tu vas leur expliquer vite fait... Ils n'auront pas tes vingt-deux ans d'expérience ! Je ne peux pas t'empêcher de demander ta mutation, mais je te préviens que je donnerai un avis défavorable. Je ne peux pas être d'accord. — De toutes façons si vous ne voulez pas, je ne signe pas ce papier.	— Je ne pensais pas que tu voudrais nous quitter si tôt. À terme, ça ne pose pas de problème. Tu sais que les anciennes machines seront remplacées ; mais elles doivent encore fonctionner deux à trois ans. Te laisser partir rapidement me pose donc problème... Bon ! C'est ton souhait, je le note. Nous verrons ce que nous pouvons faire. — D'accord. J'espère vraiment que ce sera possible. J'y tiens énormément. — O.K. Au-delà de ce souhait ? Je souhaite que, là-bas, les anciennes machines tiennent encore quatre ans. — Je n'ai pas envie de devoir travailler sur des chaînes robotisées. J'ai suivi le premier module de formation. Pfff... C'est trop compliqué pour un vieux comme moi. — Ton projet est donc de partir au plus tôt pour le Cantal ? — C'est bien ça.

13

Phase 6 : le manager conclut l'entretien

LA FORMALISATION DU CONTRAT

Il est nécessaire de s'assurer qu'aucune incompréhension ne subsiste. Pour ce faire, la reformulation des accords est essentielle.

Manager et salarié n'argumentent plus dans cette phase. Elle doit durer moins de dix minutes.

Si manager et salarié formalisent **ensemble** le support, le salarié ne revient plus sur ce qui a été établi. Il a eu la possibilité de signaler un désaccord sans attendre la fin de l'entretien.

Confiance et gain de temps sont les effets positifs de ce détail de forme. En revanche, le non-respect de ce détail vaut à certains managers d'être victimes d'un « entretien bis » au moment où ils pensaient en avoir terminé…

LE SUIVI DU NOUVEAU CONTRAT D'OBJECTIFS ET L'ÉCHELONNEMENT DU CALENDRIER

L'évalué a accepté ses nouveaux objectifs. Pour faire de l'entretien un outil de motivation, le manager montre qu'il attache de l'importance à la réalisation des progrès du salarié. Un acte simple mais concret crédibilise cette démarche : le manager prend une première date pour démarrer le suivi et il **la note** sur son agenda.

Quelles sont les raisons justifiant ce suivi ?

- Les difficultés que pourra rencontrer le salarié pour réaliser les objectifs fixés.

- Les craintes exprimées par le salarié lors de l'entretien.
- La mise au point de nouvelles solutions en « essais ».
- Le souhait du salarié lui-même.

Le plan d'action permet de programmer un suivi aux étapes sensibles.

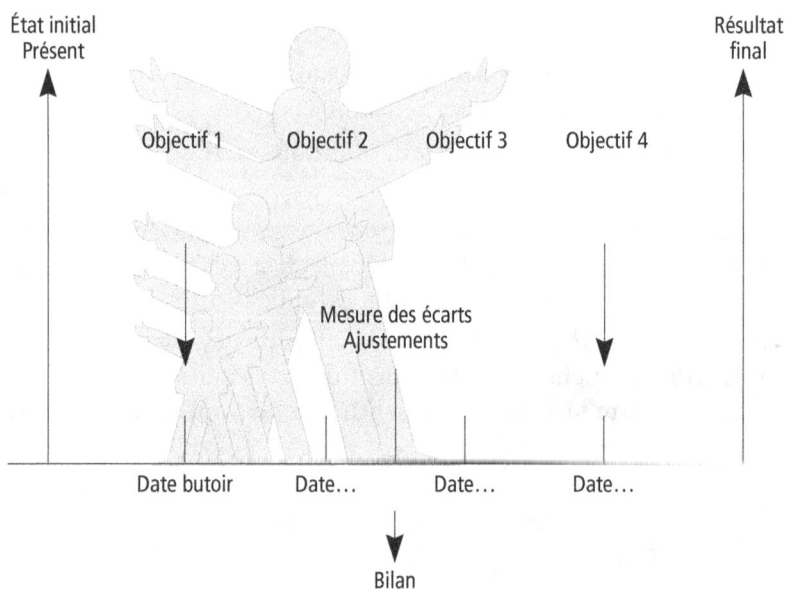

Si vous éprouvez quelques difficultés pour terminer vos entretiens, n'hésitez pas à utiliser ces quelques formules brèves mais courtoises qui n'affecteront en rien la qualité de votre rencontre.

« Nous voici au terme de cet entretien… »

« Nous avons respecté le temps prévu pour cet entretien, il me reste à vous remercier de votre participation. »

« Il est temps de finir cet entretien, sinon nous allons le recommencer ! »

N'oubliez pas de remercier votre interlocuteur à la fin de l'entretien.

RÉCAPITULONS

Les transitions des 6 phases de l'entretien

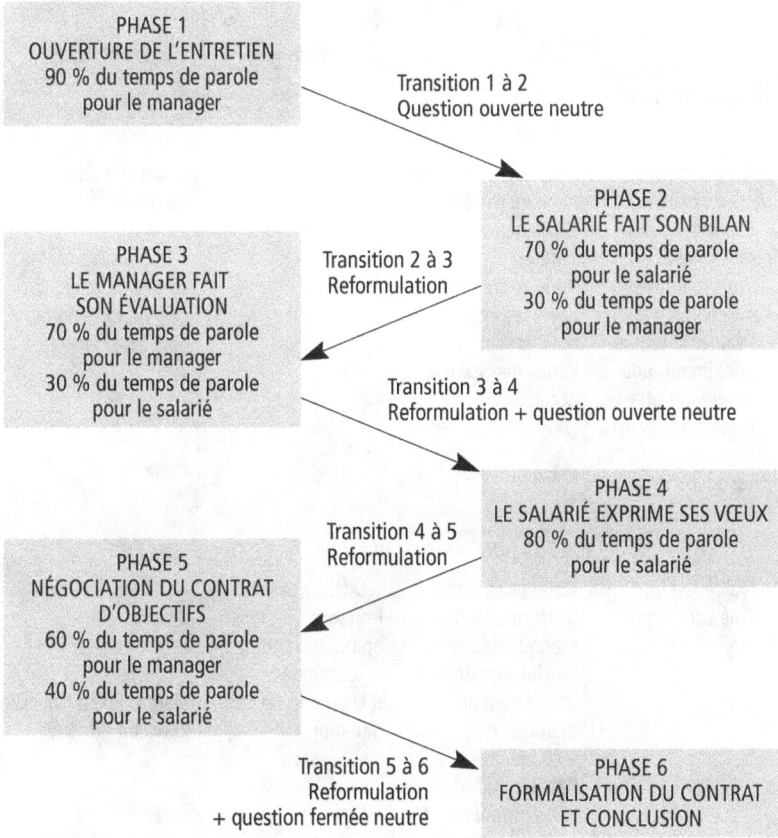

LE GUIDE DE LA CONDUITE D'UN ENTRETIEN D'ÉVALUATION

Procédure détaillée de l'entretien d'évaluation	Finalité de l'entretien d'évaluation	Prérequis	Points clés
	PHASE 1 : OUVERTURE DE L'ENTRETIEN		
– Rappeler l'objectif de la rencontre. – Exposer les différentes phases du déroulement de l'entretien. – Évaluer le temps approximatif pour chacune des phases. – Préciser les points qui seront abordés et ceux qui ne le seront pas.	Créer une relation de confiance : sécuriser + donner des repères. Réduire les tensions. Lever les équivoques et démarrer l'entretien sur un accord.	– Les types de questions. – Les avantages de l'entretien.	– Adopter un espace de communication à 90°. – Donner la parole au salarié moins de cinq minutes après le début de l'entretien.
	PHASE 2 : LE SALARIÉ FAIT LE BILAN DE LA PÉRIODE ÉCOULÉE		
L'évalué fait lui-même son propre bilan.	Obtenir les 20 % d'informations manquantes. Ces informations permettent au manager de : – compléter l'analyse faite lors de la préparation ; – s'appuyer sur les constats faits par le salarié lui-même et donc asseoir plus efficacement le constat en phase 3 ; – laisser le salarié exprimer son analyse.	– Différence entre les registres : faits, opinions, sentiments. – Techniques d'écoute et de reformulation.	– Définir ses filtres d'écoute. – Questionner utile. – Ajuster le diagramme d'Ishikawa ou des 5 M.

.../...

Procédure détaillée de l'entretien d'évaluation	Finalité de l'entretien d'évaluation	Prérequis	Points clés
PHASE 3 : LE MANAGER ÉVALUE LE SALARIÉ			
– Présentation du support. – Analyse des faits. – Restitution de l'évaluation.	Renforcer sa crédibilité = objectivité + autorité. Le manager renforce son influence si son évaluation tient compte des informations de la phase 2 et s'il sait mener une analyse avec objectivité. Cette phase conditionne la phase de la fixation de nouveaux objectifs.	– Le renforcement – La facilitation Différence entre pouvoir/autorité et manipulation.	– Se baser uniquement sur des faits.
PHASE 4 : LE SALARIÉ EXPRIME SES SOUHAITS			
Déterminer les besoins exacts en termes : – d'évolution de carrière, – de formations, – de matériel, – de mutation, – de temps de travail, – de relation d'équipe, – d'organisation des tâches. Discuter de ces besoins et les planifier sur le support.	Identifier les motivations du salarié. Dans cette phase, le manager rassemble les informations pour préparer la négociation de la phase 5.	Classification des motivations de l'homme au travail (Maslow et Herzberg).	Convertir des besoins en actions réalisables.

.../...

Procédure détaillée de l'entretien d'évaluation	Finalité de l'entretien d'évaluation	Prérequis	Points clés
PHASE 5 : LE MANAGER ET LE SALARIÉ NÉGOCIENT LE NOUVEAU CONTRAT D'OBJECTIFS			
– Indiquer les priorités de l'entreprise et préciser les objectifs non négociables. – Discuter avec l'évalué des axes de progrès auxquels il peut participer et des points individuels qu'il doit améliorer. – Négocier avec lui un planning de suivi. – Consigner le tout dans le support d'évaluation.	Faire accepter une nouvelle performance et en programmer le suivi. Le manager implique le salarié pour s'impliquer à son tour, notamment dans l'attribution des moyens. La première date du suivi crédibilise et prouve que le manager attache de l'importance à cet outil.	Les styles de négociation.	– Gérer une objection. – Décliner des objectifs. – Prévoir les difficultés dans l'atteinte des nouveaux objectifs.
PHASE 6 : LE MANAGER FORMALISE LE CONTRAT D'OBJECTIFS ET CONCLUT			
– Reprendre les points essentiels. – S'assurer qu'aucune incompréhension ne subsiste. – Signer et faire signer le support d'évaluation. – Faire remonter au supérieur hiérarchique les désaccords éventuels.	Formaliser un accord. La signature engage ; il est nécessaire d'avoir rédigé ensemble et d'avoir recherché un accord au fur et à mesure des phases. Ce n'est plus ici que l'on négocie.		Respecter le temps annoncé à l'ouverture de l'entretien : c'est prouver que le manager sait gérer un entretien.

Conclusion

Les principes sur lesquels repose l'entretien d'évaluation sont ceux même du management : donner la parole à ses subordonnés, mais aussi savoir s'impliquer dans la relation, ou encore savoir s'exposer en maîtrisant les risques ; échanger sur des faits pour fixer des objectifs ; décliner avec fermeté un plan d'action tout en négociant les moyens…

L'entretien d'évaluation reste le moyen de découvrir des gisements de compétences parfois insoupçonnés.

Un entretien d'évaluation bien préparé et bien mené constitue une source de motivation, faut-il encore savoir alimenter « l'après-entretien ».

Les réformes successives de la modernisation de la formation laissent une place à l'entretien comme espace de communication, espace de dialogue social. Le système de gestion prévisionnelle des compétences élargit ce dialogue à la notion de performance, source de rétribution. Une nouvelle culture du résultat se formalise, mais est-ce bien la voie de la « re-connaissance » ?

ANNEXES

- Matrice de l'entretien d'évaluation
- Les textes de la réforme de la formation 2004
- Corrigés des exercices

Annexes

MATRICE DE L'ENTRETIEN D'ÉVALUATION

Nom et prénom du collaborateur Emploi : Poste : Ancienneté :	**ENTRETIEN ANNUEL D'ÉVALUATION**	Nom et prénom de l'appréciateur Supérieur hiérarchique N+2

SYNTHÈSE DE L'ENTRETIEN

Faits marquants et commentaires du collaborateur

Appréciation globale	
• **Niveaux des résultats atteints** *(qualité, adéquation objectifs/résultats,…)*	
Compétences très au-dessus du niveau requis	
Compétences au-dessus du niveau requis	
Compétences juste au niveau requis	
Compétences basiques	
• **Performance individuelle** *(contribution aux résultats de l'équipe, esprit d'équipe, force de propositions…)*	
Résultats supérieurs aux objectifs fixés	
Résultats satisfaisant les objectifs fixés	
Résultats en deçà des objectifs fixés	
• **Attitude et comportement professionnels** *(éthique, respect du code de bonne conduite, exemplarité, prévention sécurité, engagement, innovation, qualité environnement…)*	
Comportement très satisfaisant	
Comportement satisfaisant	
Comportement moyennement satisfaisant	
Comportement insatisfaisant	
• **Capacité d'animation** *(si activités de management)*	
Résultats supérieurs aux objectifs fixés	
Résultats satisfaisant les objectifs fixés	
Résultats en deçà des objectifs fixés	

Date :   Date :
Signature de l'appréciateur :   **Signature du collaborateur :**

ÉVALUATION DES RESULTATS DE L'ANNÉE 20XX

Rappel des objectifs de l'année écoulée	Niveau des résultats attendus	Niveau des résultats atteints	Commentaires

Degré de maîtrise :
Niveau A : débutant, niveau de base acquis
Niveau B : savoirs confirmés, niveau requis
Niveau C : savoirs experts, maîtrise totale des niveaux requis
Niveau D : savoirs au-dessus des niveaux requis

FICHE DE POSTE À JOINDRE :

Évaluation des connaissances professionnelles	Degré d'atteinte des objectifs			
	A	B	C	D
Bureautique				
Word				
Excel				
Autres logiciels				
Langues étrangères				
Anglais				
Allemand				
Autres				
Connaissances spécifiques au poste				

Évaluation des comportements professionnels	Degré d'atteinte des objectifs			
	A	B	C	D
Organisation				
Autonomie				
Rapidité d'exécution				
Réponse à l'urgence				
Aptitude à solutionner des problèmes				
Communication				
Esprit d'équipe				
Sens de la persuasion				
Sens de la négociation				
Aptitude à la relation				
Complexité				
Initiative				
Adaptabilité				
Capacité d'autoformation				
Confidentialité				

OBJECTIFS POUR L'ANNÉE À VENIR

	Niveau des objectifs à atteindre	Échéances	Moyens
OBJECTIFS PERMANENTS			
Définition des objectifs			
OBJECTIFS OPÉRATIONNELS			
Définition des objectifs			
OBJECTIFS DE PROGRÈS			
Définition des objectifs			

MISSIONS PONCTUELLES

Exemples : tutorat, formateur occasionnel, gestion d'un projet spécifique… mission qui ne relève pas de la description d'emploi.

CALENDRIER DE SUIVI

	Échéances	Commentaires
OBJECTIFS PERMANENTS		
OBJECTIFS OPÉRATIONNELS		
OBJECTIFS DE PROGRÈS		

PROJET PROFESSIONNEL PERSONNALISÉ

Mobilité géographique :	Mobilité fonctionnelle :
1. ☐ aucune mobilité	1. ☐ Logistique
2. ☐ Département :	2. ☐ Management
3. ☐ Région :	3. ☐ Expertise
4. ☐ National :	4. ☐ Commercial
5. ☐ International	5. ☐ Production
	6. ☐ autres .....

Actions à mettre en œuvre pour accompagner le projet professionnel	
Rencontre avec un expert de la filière souhaitée	☐
Immersion	☐
Rencontre avec la direction des ressources humaines pour orientation professionnelle	☐
Autres actions	☐

Avis sur le projet professionnel

Date de disponibilité

Date : ....
Signature du collaborateur :

Nom :
Date : ....
Signature du manager

Les textes de la réforme de la formation

Vous trouverez l'Accord national interprofessionnel sur le développement de la formation tout au long de la vie professionnelle, la professionnalisation et la sécurisation des parcours professionnels datant de janvier 2009 à l'adresse suivante :

www.centre-inffo.fr/IMG/pdf_ANI_7_janvier.pdf

Par ailleurs, vous pouvez consulter la loi n°2004-391 du 4 mai 2004 sur le site de Légifrance :

www.legifrance.gouv.fr

Corrigés des exercices

Chapitre 4

Affirmations	Vrai	Faux
1. La compétence peut devenir obsolète.	**Vrai** La compétence est une qualité professionnelle « évanescente », qui évolue avec le temps.	
2. La performance cible le bien-être du salarié sur son poste de travail.		**Faux** La performance vise le gain d'une activité. Le bien-être est une condition de réussite et non une cible.
3. L'entretien d'évaluation et l'entretien professionnel comportent tous deux des négociations sur les rétributions salariales.		**Faux** Seul l'entretien d'évaluation comporte une négociation salariale.
4. L'entretien professionnel est légalement obligatoire.	**Vrai** L'entretien professionnel doit avoir lieu tous les deux ans.	
		…/…

Affirmations	Vrai	Faux
5. L'entretien d'évaluation se déroule en 6 phases tactiques.	**Vrai** Ces phases sont d'ailleurs interdépendantes comme des « poupées gigognes ». Elles sont dites « tactiques » parce que leur ordre de progression met en place les éléments nécessaires à la formalisation du contrat d'objectifs.	
6. L'entretien d'évaluation est formalisé par un contrat d'objectifs signés par le salarié et son supérieur hiérarchique.	**Vrai** Mais le salarié peut refuser de signer le contrat.	
7. L'entretien d'évaluation permet d'améliorer les résultats d'une équipe.	**Vrai** Car les objectifs de l'unité sont égaux à la somme des objectifs individuels.	
8. L'entretien d'évaluation cible l'analyse des causes et effets des réussites comme des échecs professionnels.	**Vrai** Cette analyse doit être fondée sur des situations professionnelles constatables.	
9. Une évaluation est objective à 100 %.		**Faux** Une évaluation présente une part de subjectivité. La technique de l'entretien est agencée pour la réduire.
10. L'entretien mesure la contribution du salarié à la performance de l'entreprise.	**Vrai** Il en est même la courroie de transmission.	
11. Durant cet entretien, le manager évalue le travail du salarié.	**Vrai**	

Chapitre 5

	Consignes	Objectifs	Buts	
1. Vous programmerez les 8 réunions du service des deux prochains mois, avec l'aide de monsieur… et avant le 10 de ce mois.	X			Termes de résultats vérifiables : délai, chiffres, moyens.
2. Vous formulerez les objectifs par écrit		X		Résultat sans mesure ni délai et sans indication d'un changement d'état (→ aucun pronostic).
3. Améliorer votre communication.			X	Pas de résultat (effets de la communication?) : améliorer n'est pas contrôlable s'il n'est pas quantifié. Aucun délai. Néanmoins la formulation exprime un changement d'état → but.
4. Rechercher dans une encyclopédie les noms des trois maréchaux de Napoléon.	X			Quel est le délai ? dix ans ou vingt minutes ?
5. Améliorer la production d'ici à septembre.			X	Souhait, vœu pieux, pas de résultat, pas de chiffre… Est-ce que je sais de combien il faut améliorer ? Non. Septembre est celui de quelle année ? Néanmoins, il y a expression de changement = but.
6. Vous veillerez au respect des horaires.			X	On peut toujours rêver ! Aucun critère ne permet de **contrôler** la veille.
7. Tourner la molette sur l'encoche gravée à 150°.	X			Une mesure, pas de temps. Et aucun changement d'état.
8. Porter la température à 320 °C pendant trente minutes.	X			*Idem.*
9. Distrayez votre neveu.			X	L'objectif déclinant le souhait pourrait être : organiser une sortie au cinéma le 12 février en lui proposant trois titres de films.

Chapitre 6

Objectifs de performance	Objectifs opérationnels
Exemple : en un an, il faut augmenter de 5 % les actions correctives dans le service en pratiquant des moyens tels que : – réunion de travail, – répertoire formalisé des dysfonctionnements, – formation qualité.	Réunion de travail : de janvier à décembre 2010 : chaque réunion devra se finaliser par une prise de décision sur des points majeurs ou des points mineurs de l'ordre du jour. Les apports de la réunion seront formalisés dans un compte rendu de 2 pages maxi. Répertoire des dysfonctionnements.

Chapitre 9

1. Distinction questions ouvertes/fermées et neutres/orientées.

1. Avez-vous apporté le guide de préparation ?	**Fermée** : réponse structurée en oui/non (réponse binaire) **Neutre** : aucun positionnement de l'émetteur par l'expression d'un adjectif ou d'un adverbe.
2. Avez-vous bien suivi le guide de préparation ?	**Fermée** : réponse à structure binaire (oui ou non, noir ou blanc) **Orientée** : l'adverbe « bien » est une notion de valeur → entraîne un jugement → réponse à structure orientée.
3. Que pensez-vous de votre année ?	**Ouverte** : réponse à structure multiple. **Neutre** : aucun positionnement de l'émetteur par l'emploi d'un adjectif ou d'un adverbe.
4. Avez-vous atteint les objectifs ?	**Fermée neutre**.
5. Avez-vous pris toutes les précautions possibles ?	**Fermée orientée** : « toutes » est orienté.
6. Qu'attendez-vous de l'entreprise ?	**Ouverte neutre**.
7. Pourquoi êtes-vous trop stressé ?	**Ouverte orientée** (« trop »).
8. Comment avez-vous pu obtenir d'aussi mauvais résultats ?	**Ouverte orientée** (« aussi mauvais »).
9. Votre santé est-elle tout à fait satisfaisante ?	**Fermée orientée** (« tout à fait »).
10. Comment expliquez-vous vos résultats ?	**Ouverte neutre**.

2. Repérage des filtres de la communication.

Situation 1

1. Investigation.
2. Jugement de valeur.
3. Solution « yaka ».
4. Reformulation.
5. Interprétation.
6. Soutien.

Situation 2

1. Jugement de valeur.
2. Interprétation.
3. Reformulation.
4. Investigation.
5. Soutien.
6. Solution « yaka ».

Chapitre 10

1. Formulation d'une critique basée sur des faits.

Formuler le problème…	… pour entreprendre une critique
1. Exprimer des faits : – les dysfonctionnements, – le chiffrage des retards.	Préciser quels sont les dysfonctionnements engendrés par les retards. Quantifier et dater les retards, les transformer en pourcentage de perte ou de temps de travail…
2. Une seule critique à la fois. 3. Les termes sont simples	Exprimer le reproche en termes simples, par exemple : « La quantité de temps perdu [chiffre à l'appui] me contrarie. »
4. Écoute + reformulation des objections du salarié.	M. Lebeau est victime des erreurs de ses collègues.
5. Questionnement factuel face aux objections.	Quelles sont ces erreurs ?

2. Identification les erreurs qui vont créer le conflit

Dans ces conditions, la seule issue possible est le conflit. D'après ce que nous savons de Lucien (victime), il devrait s'agir d'un conflit masqué. Il est d'ailleurs amorcé par : « Croyez qui vous voudrez... ». Lucien refusera toute discussion.

	Oui	Non	
1. Le manager exprime des faits : – les dysfonctionnements – la définition des tâches		X	Le manager base son argumentation sur des opinions « tu ne t'impliques pas beaucoup », « tu t'en fiches »
2. Une seule critique à la fois		X	Tu t'en fiches des objectifs
3. Les termes sont simples	X		
4. Écoute + reformulation des objections		X	Le manager parle et accuse
5. Questionnement factuel face aux objections		X	Le manager ne fait pas préciser ce qu'est la conscience professionnelle

Chapitre 11

Niveau 1 : besoins physiologiques : 6.

Niveau 2 : besoins de sécurité : 3, 5, 10 (sécurité psychologique), 11, 14.

Niveau 3 : besoins sociaux : 1, 4, 7, 9, 13, 15.

Niveau 4 : besoins d'autonomie : 2, 12.

Niveau 5 : besoins d'accomplissement : 8.

Chapitre 12

Réflexion

Dans la version « bonne », le contact n'est pas rompu. L'entretien peut se poursuivre, alors que, dans la version « mauvaise », elle tournera au monologue, dans le meilleur des cas.

Le manager a identifié le besoin essentiel : partir pour le Cantal. Il ne l'a pas écarté (il ne l'a pas satisfait non plus d'ailleurs). Il le garde comme « monnaie d'échange » pour la phase suivante.

Le manager a repéré un enjeu supplémentaire : ne pas travailler sur des chaînes robotisées.

N.B. Ce type de situation est plus fréquent qu'on pourrait le croire : les salariés en fin de carrière ont souvent des aspirations qui ne correspondent plus aux théories de l'homme au travail. Elles sont remplacées par des aspirations de « futurs retraités ».

Si le manager doit en référer à son supérieur hiérarchique pour accepter le principe d'une mutation – ou s'il lui est nécessaire de collecter des informations relatives à la solution qu'il va proposer –, il vaut mieux suspendre l'entretien que de rentrer dans un chantage ingérable, du type « si vous ne voulez pas, je ne signerai pas. ». Le fait d'en référer au supérieur hiérarchique ôte la possibilité au salarié de tirer des conclusions définitives.

Notons que la demande de Lucien remet probablement en cause les orientations prévues initialement. Il est donc difficile de la relier aux objectifs de l'unité. C'est pourtant ce que le manager devra s'efforcer de faire : le besoin de Lucien est si fort que rien d'autre ne le motivera.

Index

A
adaptation à la contrainte 25
adéquation emploi/performance 31
analyse transactionnelle 38
autorité 98

B
bienveillance 22
bilan 15, 42, 43, 80
    de compétences 15

C
capacité 13, 35, 36, 100
cercle d'auto-renforcement 103
changement d'adhésion 103
CIF 15
compétence 24, 35, 36, 37, 93, 97, 98, 101, 112
compliment 97
comportement au travail 21
confiance 19, 22, 33, 67, 75, 95, 104
conflits 98
contrat d'objectifs 16, 39, 53, 54, 61, 64, 65, 120, 124
crédibilité du manager 35, 39, 77
critique 95

D
définition de poste 67
degré de motivation 44
démotivation 24, 25, 95
diagnostic 49, 50, 57, 61
diagramme d'Ishikawa 55, 57
DIF 15

E
écoute active 80, 119, 120
enchaînement des causes 55
enjeu 35, 39, 118, 119
erreurs d'appréciation 22
exemplarité 22

F
fiche de fonction 67

G
GPEC 13, 16, 17, 27
grille
    d'auto-évaluation 68
    de compétences 67

H
Herzberg 111

I
information
    ascendante 31
    descendante 31

M

manipulation 98
manque 95
Maslow 111
motivation 33, 109

N

négociation 9, 10, 35, 38, 39, 40, 42, 43, 44, 51, 70, 77, 79, 117
non-dits 23

O

objectif
  conjoncturel 63
  de performance 63
  fonctionnel 63
objection 119
organisation de l'espace 77

P

performance 13, 14, 24, 26, 27, 35, 36, 37, 39, 55, 57, 64
  d'équipe 69
plan d'action 122
pouvoir 98
programmation neuro-linguistique 38
progression individuelle 69
pronostic 59, 61

Q

questionnement factuel 82, 83, 119, 120

R

réforme de la formation professionnelle 13, 14, 16, 26, 36
reformulation 78, 80, 90, 91, 115, 120, 124, 127
  clarification 82
  reflet 82
registre
  des faits 52, 53
  des opinions 51, 52
  des sentiments 52
rétribution 9, 20, 35, 118
rumeur 89, 90

S

sanction 95
senior 25, 26, 27
sentiment d'inutilité 25

T

télétravail 27
temps de parole 75

V

VAE 15
valoriser 95

www.ingramcontent.com/pod-product-compliance
Lightning Source LLC
Chambersburg PA
CBHW061324220326
41599CB00026B/5020